Pitolocodic

42-43
43 45

COMTE DE LARMANDIE

COMMANDEUR DE GEBURAH

EÔRAKA

NOTES

SUR L'ÉSOTÉRISME

PAR

Un Templier de la R†C†C†

★

PARIS

CHAMUEL ET Cᴵᵉ, ÉDITEURS

29, RUE DE TRÉVISE, 29

1891

EÔRAKA

NOTES

SUR L'ÉSOTÉRISME

COMTE DE LARMANDIE

COMMANDEUR DE GEBURAH

EÔRAKA

NOTES
SUR L'ÉSOTÉRISME

PAR

Un Templier de la R†C†C†

★

PARIS

CHAMUEL ET Cⁱᵉ, ÉDITEURS

29, RUE DE TRÉVISE, 29

1891

IMPRIMATUR

DU GRAND MAITRE
DU
TEMPLE DE LA ROSE-CROIX

———

LE SAR PÉLADAN, GRAND MAITRE
DU
TEMPLE DE LA ROSE-CROIX

A SON AMÉ ET FÉAL

COMTE LÉONCE DE LARMANDIE
Commandeur de Geburah en T *de* R ✠ C. ✝

SALUT ET LOUANGE

En Jésus seul Dieu et en Pierre seul roi,

Très amé et admirable Pair,

Le glorieux symbole de la Rose-Croix, sali long-temps par le crétinisme franc-maçonnique, reparaît pour la première fois depuis de longs siècles, dans sa splendeur expressive des adhésions individualistes à l'Abstrait catholique romain. Il reparaît lumineux sur votre nom et votre œuvre : haute fortune que vous méritez, autant par la trempe chevaleresque de votre âme que par vos livres d'un art passionné, puissant et traditionnel.

Quoique l'évolution contemporaine semble pré-

férer le scientifisme, l'Art restera toujours le suprême langage de l'Idée.

Papus, le plus haut des hermétistes éclectiques, ne dit-il pas lui-même à la page 620 de son monumental Traité de Science occulte : « Les études artistiques du célèbre sir James Tissot sont plus probantes en faveur de l'existence du Christ que tous les travaux réunis des critiques contemporains. »

Combien plus probant en faveur du catholicisme ce consensus de chefs-d'œuvre qui part en littérature du père de l'Église primitive et des catacombes, pour aboutir au connétable d'Aurevilly et à Parsifal !

Malgré cent ans de défaite politique et cléricale, le catholicisme tient encore contre tout et tous. Les derniers chefs-d'œuvre : Les Diaboliques, Axel, ne sont-ils pas timbrés aux armes romaines ? Les chefs-d'œuvre de demain porteront la même devise, et quelqu'un sans nul doute votre nom.

A l'exemple de suprême dédain, pour le succès qui s'achète en bassesse, que donna Jules Barbey d'Aurevilly, nous avons ajouté une volonté de groupement qui créera bientôt un tiers ordre imprévu entre le siècle qui pourrit et Rome qui n'ose pas : Le tiers ordre intellectuel.

Nul plus que vous, mon aîné pair, n'est appelé à cette revanche, la seule qui intéresse notre humanisme, de restaurer la théocratie en Art.

Poète sincère et neuf en vos Yeux d'Enfant, le plus ciselé de vos livres, et celui que je relis comme rempli d'essence d'âme ; romancier de Pur-Sang, de Reptile, de Patricienne, peintre transfigurateur des pâles mondanités, vous êtes encore l'Arman-

dus *de votre blason, le preux de plume que la vie propice ferait héros.*

Aussi est-il justice que cette marque de la Rose-Croix s'épanouisse d'abord sur votre nom et sur votre œuvre. La hiérarchie implacable restaurée par nous m'obligeait à déclarer ici que rien dans Eôraka n'était contraire ni à l'orthodoxie catholique ni à l'orthodoxie magique.

Mais je ne saurais ni vous écrire sans amitié ni vous nommer sans admiration, fût-ce pour une rigidité décorative.

Je n'approuve, mon amé pair, j'applaudis et j'exulte à vos pages formidables, à vos belles et saintes violences, à tout ce feu qui est votre entité.

Vous seriez celui à qui je voudrais donner le drapeau de la double Croix, le jour de la bataille: Soyez celui qui porte la Rose-Croix à son premier pas dans la lumière.

En vos fortes et loyales mains il flottera plus haut, l'étendard noir et blanc! Et recevez, amé comte et noble commandeur, l'accolade de votre frère en le T de R ✠ C ⁙ C. Ad crucem per Rosam, ad Rosam per crucem, in eâ, in eis, gemmatus resurgam.

Le Sar Péladan.

Donné à Paris, ce saint jour de la Pentecôte, 1891.

OBLATION

Sar Merodack,

Vous êtes de droit le premier éponyme de ces pages où je veux, au nom du catholicisme orthodoxe et romain, justifier et proclamer l'ésotérisme, à la face de la génération scatologue et coprophage, qui livre aux bêtes la théorie des Intellectuels. Quant je vous ai connu par votre fresque du « Vice Suprême », ce grandiose et terrible jugement dernier qui n'est que le frontispice de votre œuvre, j'ai passionnément voulu vous savoir tout entier. Je vous ai vu, et, de ce jour inoubliable a été éclairée toute une portion de mon âme que le doute environnait de sa pénombre. Dès mes bégaiements premiers, j'ai toujours chanté les grandeurs catholiques, mais mon cerveau n'avait point encore pénétré les arcanes du dogme, tandis que mon enthousiasme célébrait les magnificences de l'universelle religion. En cette époque finissante, où le dégoût s'accumule, comme aux voiries les déversoirs de fanges, où toutes les formules philosophiques et sociales aboutissent matériellement au triomphe extérieur de la Prusse, à la victoire intérieure de l'opportunisme excrémentiel, je ne puis me rattacher à une branche d'espoir qu'en écoutant la voix de vos

mandements et de vos vaticinations. L'empreinte d
souliers tudesques est annihilée au vent de vos an.
thèmes. Quand parlent les géants de votre éthopé
les balbutiements de nos misérables palais-Bourbon
neux me paraissent les révolutions d'une fourmilièr
foulée et broyée aux pieds d'un taureau. Votre hau
teur nous console de la petitesse ambiante, votre Verb
crée pour nous un plan supérieur, une sorte de mond
astral où nous pouvons nous abstraire à nos heure
tranquilles, et boire à pleines coupes l'oubli du monde
et le mépris des hommes. Ils essayent bien de rire,
les pygmées, les Ilotes, les Myrmidons, mais leur
hilarité détonne comme des sifflements de reptiles
dans la sonorité d'un ouragan.

Pour la lumière que vous nous avez impartie,

Pour la joie cérébrale qui nous advint par vous,

Pour notre cher orgueil de Penseur et de combattant que vous avez élevé et fortifié;

En pleine indépendance d'Esprit et de Volonté,

Avec la franchise d'un Chevalier Rose-croix qui
défie l'Erreur, et que ne peut effleurer la Crainte.

Je vous proclame aujourd'hui la plus haute, la plus
noble, la plus sereine Entité intellectuelle de cette fin
de siècle.

Fraternellement à vous en la R. ⳨ C. ⳨ C.

                                    LARMANDIE.

PÈRE ALTA,

Avant de serrer votre main, j'ignorais s'il me serait
donné de voir un prêtre catholique adéquat à cet
adjectif immense, à ce substantif prodigieux. Je n'avais
même pas eu le courage d'allumer ma lanterne comme
Diogène pour chercher cet aigle rare parmi la foule
presque toujours respectable, trop souvent médiocre,
des élus du Ministère sacerdotal. A la suite des
heures lumineuses que j'ai eu le bonheur de passer
avec vous, je vous ai souhaité la pourpre, non en guise
de hochet éclatant comme plusieurs la convoitent,
mais pour attribuer une juste hauteur, une digne envergure, à la chaire de votre enseignement. Je vous
estime trop pour croire à la réalisation de mon vœu,
car de notre temps, hélas! la robe écarlate ne peut
être revêtue que de complicité avec la Puissance des
Ténèbres. Mais, simple Cardinal noir, vous ferez honte
à plus d'un Cardinal rouge. Au moment où le plus
bruyant de ceux-ci, prête, à grands fracas de clairon
et de tambours, le serment constitutionnel, baisant la
fesse du bouc, en reconnaissance de ses coups de
corne, votre élévation m'apparaît comme l'équitable
contrepoids de cette chute. Le prêtre inconnu, grand
par la raison, fort par la science, console du prince
de l'Église qui fait le brocantage de ses oripeaux. Vous
m'avez éclairé les obscurités de la destinée; à travers

les sentiers douteux et insondables du vrai absolu, vous m'avez fait luire le flambeau de la Charité qui, dominant toutes les spéculations et tous les mystères, ne saurait jamais se tromper ni nous tromper. Vous m'avez dit : Cherchez le vrai sans être sûr de l'atteindre, aimez le Beau sans être certain de le posséder, le Bien seul peut être pleinement pratiqué et son perpétuel accomplissement vous entraînera lui-même, en une assomption glorieuse, vers la Vérité et vers la Beauté. A côté du nom de Merodack, je veux que le vôtre figure en tête de ces lignes. Si à toute la science laïque je puis opposer un Mage, à toute la théologie je veux pouvoir dire : J'ai un prêtre.

Fraternellement en la R. ☩ C. ☩ C.

LARMANDIE.

PROLÉGOMÈNES

MONITOIRE

Les réflexions que l'on va lire ne constituent point
une œuvre d'éxégèse ou d'apologétique, un recueil de
monographies ou de dissertations, encore moins un
traité d'ésotérisme. Comme Janus, mon livre a deux
faces. Il s'adresse aux catholiques intelligents et aux
incroyants de bonne foi. Il contient, non pas un exposé général de doctrine, mais une série de remarques
philosophiques et d'observations matérielles, que je
crois de nature à frapper tous les penseurs sérieux et
sincères, quelles que soient leurs confessions et leurs
symboles, leur critérium et leur Évangile. Aux catholiques, mes frères, je dirai : Prenez garde aux progrès
de la science psychique, et réformez de haut en bas
l'exotérisme de votre enseignement. Ne confondez pas
le dogme immuable, insondé, éternel, avec la didactique et la scolastique ; discernez rigoureusement ce
qui est l'entité du vrai, de toutes les méthodes de pré-
dication surannée, des moules usés et démodés qui ne
peuvent contenir pour nos générations intellectuelles
l'expression de plus en plus élargie de la vérité intégrale. Renoncez aux routines, aux habitudes, non
fondées en logique, au farniente dangereux qui vous
endort dans les vieilles formules que pulvérisera d'un
jour à l'autre, l'ouragan de l'Esprit humain renou-

velé. Ne vous reposez pas au sein de la barque de
Pierre en vous disant qu'elle ne peut sombrer. Si son
pilote, si ses matelots, si ses rameurs sont inhabiles,
la tourmente déchaînée les emportera dans l'abîme et
d'autres nautoniers à l'œil plus vif, à la main plus
ferme se saisiront du gouvernail désemparé et le mè-
neront au port, guidés par les Étoiles.

Je tiendrai ce langage aux incroyants : Donnez-vous
la peine de regarder et de raisonner; constatez les
faits qui sont des prémisses et laissez conclure les
syllogismes dont le point de départ est expérimental.
Ne rejetez point *a priori* le mystérieux et l'hyperphysique, de peur que votre explication des phénomènes
constatés n'aboutisse à l'énoncé d'une ânerie ou d'une
contradiction. Je ne vous demande pas un acte de foi,
mais un serment de loyauté, et je demeure tranquille
sur le résultat de vos découvertes. Elles se résumeront
en cette proposition double : L'Ésotérisme relativement au Catholicisme est une source abstraite et une
origine intellectuelle. Le Catholicisme relativement à
l'Ésotérisme est un dérivé concret, une manifestation
sociale.

Inutile d'ajouter que je ne me soucie point du nommé public, et qu'en aucune feuille proxénète, je ne
veux être recommandé aux pourceaux de lettres par
les goujats d'écritoire.

                                        L. L.

CIVIS ROMANUS EGO SUM

PROFESSION ROMAINE

Je suis catholique, apostolique et romain. J'ai reçu
tous les sacrements de l'Église sauf l'Ordre et l'Ex-
trême-Onction. Un humble curé de village m'a bap-
tisé et j'ai été confirmé par un des plus grands évêques
du monde, Monseigneur Bertaud de Tulle, inique-
ment inconnu parce qu'il n'a pas laissé de grimoires,
dépassant, néanmoins, de cent coudées tous les
évêques constitutionnels agréés de Marianne, et notamment le cardinal fin de siècle, si cher au cœur du
Figaro. Je vais à la messe chaque dimanche, je me
confesse et communie à tout le moins une fois l'an.
Tout ceci pour bien établir, et d'une façon préalable,
que je ne suis ni fantaisiste, ni hérétique, ni schismatique, mais nettement orthodoxe. Je ne donne ni dans
le Jacinthisme, ni dans le Renanisme qui rime si
bien avec l'onanisme. Hyacinthe Loison est un
composé bizarre de poétique fleur et de volatile stupide. Depuis son apostasie la fleur a disparu et le
volatile seul s'épanouit à nos yeux. Cet homme
n'avait rien au cerveau. Tout au plus une pléthore
sexuelle. Il s'est assouvi, n'en parlons point. Il ne
vaut pas qu'on s'y arrête. Renan, lui, possède beaucoup
de littérature et de puissance berceuse, mais ne disser-
tons point sur ce qu'il peut savoir; le premier hébraï-

sant et orientaliste connu, l'éminent Ledrain, lui a
mis le nez dans son ignorance. On ne prendra point
aux sérieux, quelque enchanteresse que soit sa musique,
ce protagoniste de l'hypothèse qui nous présente
Jésus comme un jeune premier, Isaïe comme un jour-
naliste, et Jérémie comme un reporter. Le Père Di-
don écrase l'ex-sulpicien académisé. Encore ne dit-il
pas tout et a-t-il dû subir par ordre supérieur de dou-
loureuses mutilations. N'étant pas soumis à la cen
sure d'un père abbé, je prononcerai quelques-unes
des paroles interdites à l'éloquent frère prêcheur.

Mon œuvre peut-être soulèvera des tempêtes. Je
dirai plus loin et avec le plus de mesure possible mon
opinion sur les congrégations romaines, mais ma
soumission au pape, parlant *ex cathedra*, sera perpétuelle et absolue. Lamennais mourut d'un abcès d'orgueil, crevé en pus de reniement volontaire. Je le proc-
clame d'avance bien haut. Si Pierre, ce dont je doute,
condamnait mon livre, mon livre s'inclinerait avec
cette réponse unique :

Ave, Petre, comburendus te salutat.

LARMANDIE.

UNE RÉPONSE

À cette profession romaine, se relie naturellement une réplique aux imbéciles et aux hypocrites qui ont reproché à Péladan de manquer de patriotisme.

Une définition, s'il vous plaît, tout d'abord.

Si la Patrie consiste dans la franc-maçonnerie gouvernementale, dans Clémenceau et dans Pelletan, dans Jules Ferry et dans Étienne ; si pour être patriote il faut voter la laïcisation universelle et cette pollution de vases sacrés qui s'appelle : les séminaristes à la la caserne ; s'il faut avoir trempé dans tous les vols, dans tous les brigandages, dans toutes les cochonneries perpétrées depuis douze ans, depuis le jour néfaste où le brave, mais insuffisant Mac-Mahon, a fait place au lâche, mais malhonnête Grévy, s'il faut faire corps avec les trois-cent-soixante-trois galvaudeux qui, dès 76, se sont abattus sur le Palais-Bourbon comme une armée de géotrupes stercoraires, s'il faut saluer Wilson, tendre la main à Cazot, sourire à Rouvier, et parfumer son mouchoir au triple extrait de Constans, nous quitterons ce pays, comme les apôtres quittaient les bourgades inhospitalières, en secouant sur lui la poussière de nos souliers. Si le brevet de civisme est délivré par l'Anglais Waddington, le badois Spuller, le belge Magnard, toute la séquelle d'exotiques vautrés chez nous à la curée, nous nous passerons du civisme comme nos ancêtres s'en sont passés, aux décades sanglantes de l'échafaud.

Mais si l'on entend par patrie, le groupement sympathique des intellectuels qui ont respiré dès le berceau la même esthétique, les mêmes admirations,
la même ambiance idéale, dont le cerveau fut façonné
à saisir les mêmes concepts, à cadrer dans les mêmes
archétypes, dont le cœur bat aux mêmes rythmes, dont
la pensée palpite aux mêmes illuminations ; oui, alors,
nous sommes des patriotes, et nous le prouverons au
premier signal du destin. Chacun de nous mourra
pour l'Abstrait, cuirassé d'airain, casqué d'orgueil.
Point n'est besoin de nous traîner par les cheveux au
bagne du service obligatoire, de nous infliger les con-
taminations des chambrées et des gamelles. Nous
répondrons avec François-Xavier : *Ad majora nati
sumus*. Nous évoluons dans un plan supérieur où
nous accomplissons un grand œuvre. Et, dans les plus
basses régions des multitudes grouillantes, on retrouve
les fruits de notre labeur. La pensée est le soleil du
cérébral et je trouverais outrecuidant qui assignerait
une patrie au soleil physique. Comme le ciel est la
patrie du soleil, le monde des Idées est notre patrie. Et
pour cette patrie l'on peut mourir, avec l'assurance
de ressusciter dans la gloire des Dieux, dans la splendeur de l'Être éternel.

UN VŒU CÉRÉBRAL

ECTHÈSE

LA

RÉVOLTE INTELLECTUELLE

Revue mensuelle

LITTÉRAIRE, PHILOSOPHIQUE, SOCIALE ET POLITIQUE

DIRECTEURS :

Sar Péladan. | Comte de Larmandie.

PRINCIPAUX COLLABORATEURS

Sar Péladan ; Comte de Larmandie ; E. Ledrain ; Dr Nordau ; Marquis de Saint-Yves ; Le R. P. Alta ; Papus ; Germain Nouveau ; Maurice Fouché ; Dr Gibier ; Marquet de Vasselot ; Aman Jean ; Léon Dierx.

La présente Revue s'adresse aux rares personnes qui ont gardé le culte de la beauté dans l'art et de l'honneur dans la vie sociale. Elle repousse tous les pestiférés ayant une accointance quelconque avec les philistins des lettres, et les flibustiers de la politique.

DIVISION DU TRAVAIL

Amphithéâtre des Sciences Mortes, Sar Péladan. — *Histoires des Idées et des Formes*, Sar Péladan. — *Critique littéraire et artistique*, Sar Péladan ; M. de Vasselot ; Aman Jean. — *Assyriologie et Orientalisme*, Ledrain. — *Exégèse Esotérique*, Papus. — *Exégèse religieuse*, le R. P. Alta. — *Philosophie de l'Histoire*, marquis de Saint-Yves. — *Politique et Sociologie*, comte de Larmandie. — *Roman Ethopée* (décadence latine. Comédie mondaine). S. Péladan ; Larmandie. — *Poésies*, L. Dierx ; Comte de Larmandie ; Germain Nouveau. — *Science générale*, Dr Max Nordau. — *Science appliquée*, Maurice Fouché (agrégé de mathématiques). — *Magnétisme et Hypnologie*, Dr Paul Gibier.

Seront admis tous les articles dénotant une sérieuse valeur cérébrale ou esthétique quels qu'en soient les auteurs.

Ad Crucem per Rosam,
Ad Rosam per Crucem,
In eâ, in eis
Gemmatus, Resurgam.

SAR MERODACK.

ECTHÈSE

Il y a quelque temps de cela — il est toujours permis de tenter l'invraisemblable — j'apportais coura-
geusement un article à M. Magnard. Cet article, au
point de vue drouotesque, avait plusieurs défauts
d'une incontestable gravité. Il était honnête, loyal,
sincère, clairement écrit en bon français ; pas un
tour wallon, pas une locution flamande n'émaillaient
ma prose bien autochtone et bien nationale. Au
bout de quinze jours, étant sans nouvelles, je me
rendis de nouveau à la ruche figaresque et le secrétaire du Belge me fit cette réponse textuelle :

« M. Magnard a lu votre article, il en a même
numéroté les pages ; il ne peut rien en faire. »

Je m'éloignai rêveur, le numérotage m'ébahissait ;
comme fiche consolatrice, c'était prodigieux. J'eus la
faiblesse de chercher une idée profonde dans un
acte émanant du libre arbitre de M. Magnard. Je
n'ai pas encore trouvé. Quant au refus, ses motifs
sont des plus simples, et, si je m'étais donné la peine
de songer à un premier Paris quelconque de la feuille
courtisane, j'aurais immédiatement saisi une avalanche d'antinomies et d'incompatibilités d'humeurs

entre mon écriture et le fouillis alambiqué qui est en usage au gros numéro 26.

Quand les hommes fiers et indépendants auront-ils un organe ? m'écriai-je, en descendant l'escalier où je croisai deux cocottes. Et m'abandonnant à mon délire imaginatif, je fis le beau rêve dont j'ai esquissé les arabesques en tête de ces lignes.

On ose reprocher à Péladan une prose compliquée, et l'on trouve limpide et pur le galimatias quintuple qui s'entasse neuf fois sur dix aux premières colonnes du Figaro. Il y a un homme de valeur — je serai toujours juste au sein de mes plus véhémentes réprobations, — M. Philippe de Grandlieu ; mais l'incontestable talent de cet écrivain est perpétuellement masqué par une éruption d'antipathie qui vous le fait exécrer sans le connaître. M. Maurice Barrès a quelque chose, mais pourquoi donc s'ingénie-t-il à mettre La Palisse en logogriphes ; à revêtir de prétention et de formes mystérieuses les vérités les plus banales ? Caliban pétille d'esprit quand il s'appelle Bergerat, mais Bergerat n'est plus qu'un tourmenteur de logomachies quand il se nomme Caliban. La cohue des autres, n'en parlons pas. Leurs élucubrations ne pourraient dûment figurer qu'accrochées à un clou et coupées en quatre. J'envoie seulement une claque spéciale au plus monstrueux imbécile qui ait jamais fait mouvoir une plume, à cet exaspérant Saint-Genest, qu'on est allé exhumer après dix ans de Père Lachaise, ce qui fait regretter que la crémation n'ait pas été établie il y a dix ans. Voilà donc l'organe officiel qui nous résume l'esprit français !

J'ai songé à l'établissement d'une revue. Il me semble à peu près impossible que des intellectuels vaquent à la besogne chiourme d'un journal quotidien. Rochefort seul y a réussi. Aussi a-t-il été proscrit et exilé par la coalition Magnardo-Constantinette ; sous le nez des pleutres et des coquins, une pareille supériorité ne pouvait s'étaler impunément.

La *Revue des Deux Mondes* est le biberon de lait d'ânesse que sucent les bambins prédestinés à l'Académie. Les élus eux-mêmes reviennent parfois à cette téterelle. Quelques rares valeurs y émergent, noyées dans un océan de non-valeurs. Pour un Broglie que de Brunetières ! Pour un Burnouf que de Varignys ! Pour un Vogüé que de Bentzons, de Rabussons, de Pouvillons ! Et Mazade ? que dites-vous de Mazade ? Conçoit-on Mazade ? Sa mère seule fut capable d'un tel effort. Les *Deux Mondes* sont fermés aux jeunes, aux hardis, aux indépendants. Un caprice de hasard — car ces momifiés ont encore des caprices — peut les pousser parfois à accueillir l'œuvre d'un inconnu. Mais que cet inconnu récidive, et, pour faire suite à la bluette envoyée, présente un important travail, d'un mérite centuple, M. le Secrétaire lui dira : « Raca, je ne vous connais point. » Pourquoi cette double attitude, ces opinions successives? Qui pourra le dire ? Mystère et Bulozerie.

La *Revue bleue* est plus que fermée, elle est blindée et cuirassée comme un vaisseau de haut bord, hérissée de chevaux de frise et de culs de bouteilles. M. Rambaud, en caudataire de M. Ferry, doit chaque soir lever son pont-levis et organiser sa ronde nocturne. Il

possède une ceinture de chasteté dont la clef n'est
livrée qu'à une théorie d'initiés de plus en plus res-
treinte, et me rappelant cet agréable pastiche:

En partant de Melun,
Nous étions un,
Mais en arrivant à Narbonne,
Il n'y avait plus personne.

La *Nouvelle Revue* est — avouons-le — beaucoup
plus libérale, mais elle reculerait, je crois, devant
certaines audaces. Or, l'audace, nous ne cesserons de
la prêcher, comme Danton, pour le massacre intellectuel des philistins et des Amalécites. Je pense inutile
de parler du *Correspondant* qui est pourtant la Revue
catholique par excellence. Hélas ! les catholiques militants ont-ils jamais été traités par leur groupe directeur autrement que comme des chiens ! Le *Correspondant* est au point de vue productif un gâteau assez
convenable; mais malheur à qui veut en disputer
une humble miette à Lavedan, l'homme de proie de
ce grand lieu.

Il est de *mon devoir* de ne point oublier le quinzai-
nier politique de cette publication, un malotru de rare
calibre nommé Auguste Boucher. Boucher, peut-être ;
Auguste, pas du tout.

Je fus envoyé vers lui il y a une dizaine d'années
par les chefs du parti monarchique qui avaient fini
par admettre l'utilisation possible de mes services.
Non seulement le cuistre ne me reçut point, mais il
laissa sans réponse trois lettres que j'allai déposer chez
lui. Voilà comment on nous accueille dans les revues

amies. Que pourraient bien faire les ennemies pour se montrer plus rigoureuses ?

L'exécution de notre plan ci-dessus énoncé est réclamé par tout le groupe intellectuel. Il ne faut pas laisser des cérébraux se prostituer dans le reportage ou l'interview. Dire qu'on a osé me proposer de faire du reportage! Et c'était un de mes amis! Encore une fois, que puis-je attendre d'un ennemi! Les noms inscrits sur notre projet de couverture seront nos têtes de ligne, mais, d'après la mention, placée au bas de la page, toute œuvre intellectuelle dans le sens ésotérique du mot sera reçue d'où qu'elle vienne, et prendra rang utile de parution.

Joséphin Péladan, notre grand augure, nous donnera les préliminaires du futur labeur de sa vie : l'Histoire des Idées et des Formes, et l'Amphithéâtre des sciences mortes. Il serait curieux qu'après avoir lu ce métaphysicien de haute volée, les tenants de la science moderne se jugeassent très petits. Et cependant, pour ne citer qu'un exemple, quel est l'architecte, quel est l'ingénieur, quel est l'Eiffel ou le Contamin qui ne courberait sa pauvre tête, en pensant aux engins qui manœuvrèrent les fûts de Balbeck et les chapiteaux de Palmyre ?

La réforme de l'exégèse catholique sera entreprise par le T. R. P. Alta, nourri de la moelle des gnostiques chrétiens. Ainsi enseignée, la religion ne soulèvera plus les objections de la science dure, tout en restant foncièrement et inébranlablement papiste et orthodoxe. Quelques bons curés ne comprendront guère, quelques chanoines s'attristeront. Prenons en notre parti. Les

inconvénients seront largement compensés par la
fière et dominante allure que prendra le dogme en
face du rationalisme contemporain.

L'exégèse ésotérique ne saurait être mieux confiée
qu'entre les mains de Papus qui a entrepris cette tâche
difficile : la désoccultation de l'occulte. Si je ne crai-
gnais d'exagérer, je dirais presque la vulgarisation
de l'ésotérisme.

Certes l'ésotérisme ne pourra jamais être le patri-
moine de la foule, mais l'accès doit en être ouvert à
tous les intellectuels. C'est en ce sens que Papus fait
de si méritoires efforts. Malgré son extrême jeunesse, il a
réussi à grouper des hommes considérables autour de
son enseignement. Il a fait un tour de force : il a rendu
possible l'initiation didactique par une méthode rationnelle et progressive.

Le marquis de Saint-Yves traitera la question où
il est passé maître : La philosophie de l'histoire. Il
appliquera les préceptes de l'occulte, les enseignements
de la haute magie à l'étude des événements passés et
présents, à la prévision logique de la destinée des différents peuples.

L'assyriologie et l'orientalisme, ces sources primordiales et inépuisables des connaissances de l'humanité,
ne sauraient trouver de meilleur commentateur que
Ledrain. Ne me parlez pas de Renan. Ledrain est à
Renan, dans l'ordre scientifique, ce que M. Pasteur est
à Jules Verne; Renan fait illusion sur sa science réelle
parce qu'il possède une méthode scientifique. Il n'a
rien de plus. C'est un fantaisiste *hyperbolique* et
transcendant. Il s'incarne malgré lui dans tous les

personnages qu'il vous représente; Jésus lui-même, ô étrangeté! n'est qu'un avatar de M. Renan. Ledrain unit à la forme littéraire la plus irréprochable, la plus appropriée, le savoir réel, l'érudition profonde, le sens critique et impersonnel si indispensables en ces matières graves et difficiles.

Les questions de science générale doivent échoir au Dr Max Nordau, homme d'une instruction universelle, d'une sûreté de jugement et d'une santé intellectuelle bien rarement observées.

M. Maurice Fouché, agrégé de mathématiques, traitera les applications de la science. M. Fouché, très connu de nous, est un analyste éminent, aussi ouvert sur la littérature et la philosophie que sur la géométrie et le calcul intégral.

La poésie sera représentée par Léon Dierx, le disciple chéri de Leconte de Lisle, dont l'œuvre à la fois dédaigneuse et sentimentale, est par excellence une pâture d'intellectuels. Il lui sera adjoint Germain Nouveau, l'auteur encore inconnu du plus merveilleux poème catholique de ce siècle et dont nos lecteurs auront les prémices.

L'éthopée de la *Décadence Latine* occupera concurremment avec la *Comédie Mondaine* la place réservée au roman. Je n'ai rien à dire de la *Comédie Mondaine*, sinon qu'elle est la peinture exacte de tout ce que j'ai vu et entendu pendant dix années de contact avec le faubourg Saint-Germain.

J'y ai mêlé des réflexions propres, des jugements passionnels que je livre en toute propriété aux appréciations de notre public. Quant à la *Décadence Latine* c'est la fin de l'œuvre de Balzac écrite par l'héritier sien et nécessaire du grand cérébral, en cette agonie de siècle. Nous aimons le roman à vaste envergure et puisant ses thèmes dans l'idéalité. Impartial, je reconnais la valeur de nos écrivains en renom. Mais je ne cesserai de maudire en Mendès le blasphème et l'excrément juxtaposés, en Maupassant l'épouvantable indifférence entre le bien et le mal, l'insinuation pornographique, la mise en relief à tout propos de la sexualité fouillée et analysée jusqu'en ses tréfonds intimes. J'aime mieux Bourget, où je trouve du cœur, où je découvre la lettre de Poyanne. Je passe Daudet, qui fut grand dans le *Nabab*, et tombe à rien de Tartarinades en Tartarinades.

Péladan dirigera la critique d'art avec l'assistance du statuaire Vasselot et du peintre Aman Jean. Quand un sculpteur a fait *Chloé* et *Balzac*, sa présentation n'est plus à effectuer quoi qu'en puisse penser l'usine Chapu. Le *Balzac* de Vasselot évoque spontanément cet exergue :

> *Au premier cérébral*
> *du xix* siècle*
> *à*
> *Balzac Imperator*
> *la France intellectuelle.*

Les questions médicales ne peuvent pas plus nous intéresser comme anatomie que comme pathologie. Nous ne pouvons en être curieux que du côté hypnologique qui les relie à nos études générales. La théorie de l'hypnose dans ses rapports avec la psychie et dans son application possible à la thérapeutique sera le domaine du docteur Paul Gibier, qui, dans le *Fakirisme occidental* et dans l'*Analyse des choses*, a écrit de hautes et nobles pages que nous revendiquons. Je me réserve la chronique politique. Quelques intellectuels s'étonneront que, dans notre Revue, puisse figurer un article concernant l'ignominieuse et pestilentielle cuisine dont les barbares ilotes, voleurs du pouvoir, empoisonnent depuis douze ans notre nation. Plusieurs de mes amis et des meilleurs m'ont maintes fois reproché de vaquer à une besogne politique. Je ne me sens point toutefois la force de m'arracher à ce labeur galérien. C'est une question d'humeur et de sensibilité d'épiderme. Quand ce qui nous reste de princes chasse la grouse et se mêle à la pâque juive, quand il suffit d'avoir refusé jadis l'accomplissement d'une canaillerie pour être acclamé chef du pouvoir exécutif, quand on admet paisiblement à l'exercice réel de la puissance publique un bandit nauséabond reconnu comme voleur et assassin, quand nos finances sont abandonnées aux pattes crochues d'un ancien commis de banque, dont la vie publique et privée est un dépotoir d'immondices, quand vingt ans après les désastres qu'il organisa, un ingénieur médiocre et fatal est encore à la tête des armées françaises, estimé par surcroît le candidat nécessaire aux palmes vertes, quand les hôpitaux de Paris sont livrés aux échappées de Saint-Lazare, et l'éducation officielle aux pourceaux de l'athéisme, lorsqu'un brigandage législatif spolie les sœurs de Saint-Vincent et les petites sœurs des pauvres, et que les tribunaux, la Cour de cassation en tête, ne se

sentent plus capables que de rendre des services, quand
un Sénat, déposé par bêtise le long de la Constitution
ne s'arrache à son sommeil que pour frapper d'ostracisme des hommes qui ont voulu nous rendre un peu
d'honneur et de liberté; quand, en face de ces lamen-
tables événements, un cardinal romain s'avise de
ployer l'échine, et de tendre à la courbache le derrière
humilié de sa pourpre, en ces temps fangeux d'abomi-
nation et de désolation où l'entassement de l'ordure
nous fait souhaiter la purification violente, fût-ce par
un déluge de sang, le droit et le devoir de l'intellectuel
ne sont-ils pas de quitter un instant les hauteurs où il
rêve, pour éjaculer sur la tourbe d'en bas ses mépris
et ses malédictions. Eschaya et Irmia qui furent des
penseurs et des prophètes, de magnifiques cérébraux
dans toute l'ampleur de l'expression, ne se détour-
naient-ils pas à tout moment de leur comtemplation
pour pleurer sur Jérusalem et pour lui crier *Convertere ?*

Les écrivains que nous réunissons ne sont point
liés entre eux par une identité générale des doctrines,
mais un lien commun les rassemble : Le culte de la
Vérité abstraite, l'amour infini de l'Idéal.

Pour moi, si grotesques ou si lugubres que soient
les événements auxquels la destinée nous condamne
comme collectivité nationale ou sociale, je n'oublierai
jamais ces vers des *Châtiments* que je veux faire miens :

> Sombre fidélité pour les choses tombées,
> Sois ma force et ma gloire et mon pilier d'airain.

Et jusqu'au dernier battement de mon cœur, jus-

qu'au dernier frémissement de ma plume et de mes
lèvres, je chanterai le même hosannah devant les autels
des mêmes Dieux.

LARMANDIE.

PREMIÈRE PARTIE

NOTES DE PHILOSOPHIE
ÉSOTÉRIQUE

NOTE PREMIÈRE

LA RELIGION UNIVERSELLE

I

Avant d'entreprendre l'explication succincte et méthodique de mes observations sur l'ésotérisme, j'ai
besoin de recourir à quelques définitions préalables.
Bien souvent déjà, en mes diverses préfaces, j'ai prononcé substantivement le mot intellectuel. Or, qu'est-ce
qu'un *Intellectuel* ? Quelle différence le sépare d'un
simple *Intelligent* ? Les deux idées se ressemblent à
peu près comme le jour et la nuit, comme l'équateur
et le pôle, comme Constans et un honnête homme ?
Elles sont presque contradictoires. Un intellectuel
est un homme qui a la curiosité et la compréhension de l'abstrait, qui en philosophie pure est métaphysicien, et synthétiste en méthode : l'Intellectuel
dans la vie ordinaire est l'Albatros de Baudelaire :
Ses ailes de géant l'empêchent de marcher.

Le simple intelligent est l'homme doué de bons
yeux et de pattes agiles pour se diriger parmi la four-
milière humaine. On peut-être à la fois un homme
intelligent et la dernière des brutes au point de vue
cérébral. Personne ne niera l'intelligence de MM. Magnard, Quesnay, Constans, et je ne connais point de
psychologue qui consentit jamais à disséquer leur cerveau. Il existe de notre temps une infinité de gens
intelligents, beaucoup trop, ils surabondent, ils foi-
sonnent, ils pullulent. C'est une véritable plaie sociale, une calamité publique. C'est l'invasion irrésistible des barbares de la médiocrité. Par contre, jamais
les Intellectuels ne furent plus rares. Les romanciers,
au lieu de donner le ton aux savants proprement dits
en les initiant à la large synthèse, se mettent à la re-
morque des laboratoires bactériens et se perdent
dans l'analyse microscopique d'une blanchisserie,
d'un clerc d'avoué, d'un mineur poussif qui crache
noir. Il est indubitable que les intelligents qui bâ-
clent *Numa Roumestan* et *Boule de Suif* ne se haus-
seront jamais au degré de l'intellectuel qui écrivit
le *Lys dans la Vallée* et *Séraphita*.

II

Le mot ésotérisme veut dire techniquement : doctrine cachée, et je le définirai : Le sens intime des
symboles. L'exotérisme est au contraire l'interprétation vulgaire d'une tradition ou d'un enseignement.
De tout temps et partout les formes paraboliques et
allégoriques furent employées. Nulle part davantage

qu'aux livres sacrés, qui servent de fondement et de source aux diverses croyances religieuses. L'Orient en particulier se plut toujours au langage figuré, et qui prendrait le Bible au pied de la lettre atteindrait à une mesure d'absurdité et de grotesque qui n'a jamais été dépassée. Comme je le montrerai bientôt, toute foi, semblable au dieu Janus, a un double aspect, le côté révélation pour la multitude et la face initiation pour le groupe cérébral.

III

La haute magie ne doit être confondue ni avec la goétie, ni avec la sorcellerie, ni avec les prestidigitations de différents mérites qui aveuglent les foules de sables d'or. Aux temps edeniques, lorsque l'homme eut acquis la science du bien et du mal, c'est-à-dire la conscience morale de ses actes, Iahvé s'écria : Chassons l'homme du paradis terrestre de peur qu'il ne touche à l'arbre de vie et n'acquière ainsi l'existence éternelle. Cet arbre de vie, dont nous ne connaîtrons jamais la pleine floraison, est le but où doivent tendre tous les élans de nos facultés psychiques. Il résume les dynamismes suprêmes de la nature créée, dont la possession nous rendrait presque semblables à Dieu. Machinalement les goétiens et les sorciers ont mis la main de tout temps sur certains points inférieurs, où ces forces s'intersectionnent, et ils ont employé leurs découvertes infirmes dans divers buts de haine ou d'égoïsme. Le mage véritable, le théurge, doit commencer par un complet renoncement à toutes ses

passions; de plus son but est nécessairement altruiste.
D'où il ressort cette première et bien capitale con-
cordance que la toute-puissance, même dans l'ordre
matériel, est un attribut de la sainteté et de la charité.
Ici l'ésotérisme scientifique tend la main à l'exotérisme
religieux. Comme exemple, prenez les plus célèbres
thaumaturges et notamment saint François d'Assise.

IV

La doctrine ésotérique est universelle comme pays
et comme époques. Prenez les initiés des anciens
rites et les gnostiques chrétiens orthodoxes. Il y en
a toujours eu, quoiqu'on en dise. Vous trouverez un
fonds commun de vérités élémentaires avec une identité presque absolue d'interprétation. Vous décou-
vrez partout l'involution de l'Unité vers le Ternaire,et
l'évolution du Ternaire vers l'Unité. L'idée messianique est universelle, que le Messie s'appelle Christ,
Bouddha ou Mouley-Saha. La thaumaturgie au degré le plus éminent fut pratiquée par les prêtres de
tous les symboles et, comme nous ne tarderons pas
à le démontrer, ce que nous appelons miracle ne
peut servir en aucune façon à établir la suprématie
logique d'une religion. Vous apercevez partout, sous
des formes plus ou moins précises, plus ou moins
oblitérées, les notions de faute originelle, d'expiation
nécessaire, de solidarité fatale, existant entre les générations successives de l'humanité. Contrairement
à une opinion répandue, il ne faut pas croire que la
doctrine du sacrifice, de la pénitence, du pardon des

injures et même du bien pour le mal soit l'apanage
particulier du christianisme. Le bouddhisme indien
nous offre une morale semblable. Ce n'est point,
nous le verrons bientôt, par la pureté de la doctrine
que le christianisme doit à notre avis dominer les
autres croyances, c'est par la simplicité plus grande
de son dogmatisme et surtout par la supériorité historiquement établie de sa formule sociale. Il n'est,
nous le verrons bientôt, que le meilleur des exotérismes.

V

Deux sources d'ésotérismes sont étudiées à notre
époque, la source kabbalistique qui contient surtout
la partie dogmatique, et la source hindoue où l'on
trouve principalement la poésie de la haute doctrine.
Péladan et Papus, qui sont les piliers de la science
hermétique contemporaine, le premier en tant que
penseur et écrivain, le second comme professeur et
exégète, Péladan et Papus sont plutôt kabbalistes.
Le bouddhisme ésotérique possède un très distingué
représentant en Mᵐᵉ H. P. Blavatsky. On la prétend
thaumaturge et je n'ai aucune peine à le croire. On
la dit aussi très savante, ce qui est mieux, la thaumaturgie n'étant pas toujours un corollaire indispensable
de la science. Elle a été présentée au monde intellectuel comme étant en relation directe avec les
Mahatmas du Thibet. Quelques bons esprits décorent
les Mahatmas de l'adjectif « hypothétiques ». Leur
existence, en tout cas, ne serait pas faite pour nous sur-
prendre. Il y a déjà vingt ans, — j'étais encore sur les

bancs du collège, — que j'ai lu avec le plus vif intérêt le récit du voyage au Thibet de MM. Huc et
Gabet, missionnaires lazaristes qui sont parvenus à
la ville des Esprits, Lha-ssa, dépassant de beaucoup
les succès de M. Bonvalot et du prince Henri
d'Orléans. Or, le livre du père Huc contient sur les
grands Lamas et les Bouddhas vivants, des révélations
presque effrayantes et qui seraient de nature à confir-
mer l'existence réelle des Mahatmas. MM. Huc et
Gabet ont été les témoins d'inconcevables prodiges
et leur bonne foi ne peut être suspectée. Je me rappelle notamment la description de l'arbre des dix-
mille images, sorte de chêne vert sacré portant sur
chacune de ses feuilles un caractère idéographique
de la langue du pays.

VI

La franc-maçonnerie, issue du Temple, fut dans
l'origine une société d'initiation. Elle a été puissante
et terrible. A part quelques rares loges qui sont
demeurées sérieuses et respectables, comme certaines
du rite écossais et du rite de Misraïm, l'ensemble de
la secte est devenu une agglomération d'imbéciles, de
grotesques et de malfaisants. Comme dit Péladan :
ils ignorent l'aleph du symbole qu'ils professent.
Leurs insignes, qui furent jadis des emblèmes, ne
sont plus qu'une ferblanterie ridicule sans signification ne rimant à rien. Toute l'obédience du Grand-
Orient de France est simplement un Comité électoral
opportuniste. On y excommunie les adeptes de la
revision. On y met en sommeil les loges particulières

qui contiennent des Boulangistes, témoin la loge
République démocratique. La maçonnerie a une
haine aussi féroce que bête contre le général Boulanger, nouveau titre du grand patriote à l'estime des
honnêtes gens. Après les justes et sanglants lazzis de
MM. Andrieux et Léo Taxil, toute la séquelle des
grands orientaux eût dû crouler sous une avalanche
de huées et de sifflets. Il ne leur reste qu'un pouvoir,
il est vrai des plus néfastes, l'intimidation du suffrage
universel, la science de la corruption électorale. C'est
tout. Pendant le siège de Paris, ils ont voulu essayer
leur force occulte qu'ils prétendent irrésistible. Les
maçons français enfermés dans l'enceinte ont fait des
signes fraternels aux maçons prussiens qui les assié-
geaient. Les maçons prussiens n'ont pas moins con-
tinué d'investir et de bombarder. On dit bien que
quelques individus sur le champ de bataille ont dû
leur salut à l'exhibition du signal de détresse. Il est
pourtant de notoriété publique que les loges des autres
nations ont rompu avec les loges françaises depuis
que ces dernières ont supprimé le grand Architecte
et ont arboré l'athéisme. Il y a encore des cérémonies
initiatiques avec des épées de bois, des poignards de
carton. Je me demande l'effort que doit accomplir,
en présence du récipiendaire, le frère récepteur, pour
conserver sa gravité pendant la longue série des sin-
geries et des grimaces, seule tradition religieusement
conservée. Je suis fort étonné que les quelques gou-
vernants sérieux que nous avons eus en ce siècle
n'aient pas prononcé la dissolution péremptoire de
ces tripots politiques. On a flatté les maçons, on leur

a donné des grands maîtres, on a presque érigé la loge en institution officielle, quand il était si simple d'en finir avec un commissaire de police et quelques sergents de ville. Notez que je suis partisan de la liberté d'association à la condition qu'elle existe au profit de tout le monde. Au fond je ne m'inquiète guère que les frères trois points agitent leurs truelles minuscules et attachent leurs petits tabliers; mais quand ces laskars se permettent de nous confisquer notre liberté, d'expulser nos religieux et de crocheter nos couvents, je m'écrie : Halte-là ! Je ne veux plus du métier de dupe. Et quand un gouvernement propre finira par émerger du chaotique amoncellement qui nous assiège et nous ballotte, ce gouvernement enverra un bon policier, peut-être M. Clément lui-même, appliquer de bons scellés sur la porte du Grand-Orient qui deviendra tout de suite un Occident des plus petits. Il y a longtemps que le bonhomme La Fontaine nous a guéri de la terreur des bâtons flottants. C'est une honte pour l'ésotérisme que la prétendue parenté de la maçonnerie française. Des Ranc, des Spüller, des Clémenceau, des Tondu, des Grosgurin, des Pichon, des Pochon, des Giguet, des Mingasson et des Binachon, ne peuvent être que honnis par les intellectuels.

VII

Le catholicisme, dès l'époque de sa fondation, ne devait point être considéré comme une religion nouvelle. Il n'était que la forme rajeunie, épurée comme morale, et rectifiée comme dogme, de la religion universelle.

L'étymologie καθολικον suffirait seule à démontrer cette affirmation. Il est bien entendu que j'emploie indifféramment l'un pour l'autre les mots catholicisme et christianisme. D'après l'usage, le mot christianisme est plus compréhensif; il est étrange qu'il y ait une expression plus compréhensive que l'adjectif universel. En tout cas, dans le langage ordinaire, le christianisme embrasse les schismes grec et anglican, plus les différentes hérésies issues du protestantisme luthérien. L'anglicanisme et la religion grecque orthodoxe ne se séparent guère du catholicisme que sur la question de l'obédience romaine, question de nécessaire discipline, mais qui ne peut être considérée comme essentiellement dogmatique. Quant aux sectes protestantes, depuis les calvinistes puritains jusqu'aux rationalistes purs qui s'intitulent protestants libéraux, je les mets tous dans le même panier de linge sale. Luthériens, carlostadiens, zwingliens, mélanchtoniens, anabaptistes, presbytériens, wesleyiens, méthodistes, conformistes, et non-conformistes, henriquettistes, combattants de l'armée du Salut, aucun de ces débris du kaléidoscope réformiste ne peut se rattacher à l'enseignement du Christ. Ils sont tous glacés en leur inutile et impuissant formalisme, et tous oublient que la religion de Jésus est avant tout une religion d'amour et de charité. Ce sont ces dernières notions morales et sociales que le catholicisme est surtout venu restaurer en synthétisant les plus hauts préceptes des diverses révélations. Il serait inexact de traiter le bouddhisme de fausse religion, nous y retrouverions toute la nôtre. Nous démontrerons plus tard la légitimité du prosé-

lytisme catholique en tant qu'il s'exerce parmi les
peuplades et les multitudes. Malgré la hardiesse d'une
pareille affirmation, je crois que ce prosélytisme
s'adresserait mal, par exemple, à un véritable initié du
bouddhisme, à un Mahatma, si l'on veut, ou à un
Talé-Lama. Il y aurait pléonasme doctrinal, lumière
sur lumière, superposition d'identiques. L'initié digne
de ce nom connaît directement et d'une façon adé-
quate les dogmes et les notions premières que la
religion présente aux foules sous le revêtement des emblèmes et paraboles. Quand on vous dit : point de
salut hors de la religion, on ne veut pas vous signifier
qu'on ne se sauve pas en dehors de tel ou tel culte.
Cette interprétation serait d'une évidente fausseté.
Ceux qui l'adoptent sont immédiatement obligés de
la corriger en accordant le salut à tous les hommes de
bonne volonté, de bonne foi, quelle que soit leur con-
fession. Quand on emploie seul et abstraitement le
mot religion, on entend l'ensemble des vérités métaphysiques communes à toutes les formes cultuelles
de l'humanité, c'est-à-dire précisément la doctrine ésotérique que l'on retrouve toujours la même chez les initiés de tous les temps et de tous les peuples. De toutes
ces considérations, il résulte que nous devons définir
le catholicisme : l'expression vulgaire et occidentale de
la Vérité ou plus simplement l'exotérisme occidental.

Nota Bene. — J'ai besoin avant d'aller plus loin de définir, d'après ma façon de voir, deux mots de cosmologie qui
seront souvent employés dans ce livre, l'espace et le temps :
Je définis l'espace : Une relation de distance et de dimension
entre les corps physiques.
Je définis le temps : Le rapport de la *durée absolue* aux
phénomènes contingents.

NOTE II

I

Une grande lacune existe non dans la religion proprement dite, qui en est innocente, mais dans la didactique religieuse telle qu'elle est pratiquée depuis deux siècles : l'absence d'initiation, le défaut d'un enseignement ésotérique. Il n'est pas possible que le *vulgum pecus* soit composé d'adeptes. La doctrine cachée effrayerait, dérouterait, écraserait les quelques individualités du troupeau commun qui se hausseraient jusqu'à la compréhension des énoncés. La réforme souhaitable dans l'enseignement vulgaire est la diminution du liturgisme et des observances matérielles. Mais, si l'on ne peut livrer à la foule la clef des arcanes, il est inadmissible de la refuser aux intellectuels. Vouloir les réduire au catéchisme est une ineptie,

3.

une insupportable sottise. Je ne méconnais point le catéchisme, il est un *compendium*, un rapetissement, parfois une déformation de la vérité *ad usum parvorum*. C'est une adaptation optique à l'usage des vues infirmes, c'est une lunette de myopes. Lunette d'une incontestable utilité puisque les myopes sont la masse, mais de grâce, ne décrétez pas l'obligation des besicles pour les yeux de l'aigle qui peut regarder le soleil. On n'obtiendra jamais notre abonnement au *Rosier du Parterre de Notre Dame de la Première Communion*, pas plus qu'au *Petit Apôtre de la Jeunesse qui voit Dieu partout*.

Ces abominables petits canards sacrés dépriment autant l'esprit que les feuilles obscènes peuvent déflorer le cœur. Il y a des crimes contre l'intelligence aussi bien que des forfaits contre la morale, des péchés contre le Saint-Esprit. Si j'étais prêtre et confesseur, j'absoudrais plus volontiers l'auteur d'un conte pornographique franchement spirituel et joyeux, que l'éditeur ou le fabricant d'une ridicule Bondieuserie, s'efforçant de faire ramper à terre l'Absolu et l'Infini. Nous, catholiques, croyants, pensants, militants qui saurions donner notre vie pour la défense du dogme, n'abaisserons jamais notre foi à admettre les cailles rôties tombant du ciel ni Jonas au ventre de la Baleine. Un prêtre fort distingué, mais parlant en présence de saintes femmes qu'il craignait d'effaroucher, a osé un jour me soutenir qu'il fallait croire à ce triduum singulier, que l'ingurgitation du prophète par le cétacé était un dogme. Je manquai me fâcher quoique le jésuite fût de mes bons amis. Je finis par lui demander

depuis quand les baleines remontaient les fleuves pour
avaler les nabis, sans les endommager comme de
simples boulettes de pain. Pour ce mythe-là en particulier, les commentaires raisonnables s'accordent à
admettre que Jonas se retira pendant trois jours à
bord d'un bateau qui s'appelait *Baleine* ; l'usage bien
connu des Chaldéens était de donner des noms de
poissons à leurs navires.

Si l'on veut éviter des controverses toujours pénibles
et pouvant prendre même une apparence schismatique,
entre les fidèles de l'Esprit et les tenants de la Lettre,
il faut admettre comme dans toutes les religions
anciennes un enseignement gnostique, un Saint des
Saints, réservé à l'aristie mentale, et à jamais interdit
à la populace des ruminants.

II

Aux intellectuels ou adeptes, la vérité fut toujours
transmise par initiation. L'initiation fut de tout temps
un enseignement direct donné aux esprits assez fortement trempés pour l'intuition immédiate de certaines grandes lois. Je dis de certaines, car il est sûr
que parmi les notions premières ou archétypes il en
est que l'intelligence humaine la plus haute et la plus
compréhensive sera à tout jamais incapable d'embrasser et de pénétrer. Quant à la foule, elle n'a été
initiée à aucune époque et ne le sera point avant la
consommation des siècles. La vérité lui est constamment arrivée à travers le prisme de la révélation. Ce
mot et cette idée de révélation sont généralement dé-

formés et expliqués au rebours du bon sens, voire de l'étymologie grammaticale. On ose énoncer et écrire que la révélation est une découverte, un dévoilement tandis que juste le contraire est exact. *Revelare* n'a pu et ne peut signifier *dévoiler* mais bien *revoiler*. Le vrai, disions-nous plus haut, tout nu, tel qu'il sort du puits de l'absolu, tel qu'il préexiste au-dessus de tous les temps et plane au-dessus de toutes les contingences, le vrai n'est point accessible aux intelligences moyennes. Il lui faut, pour être assimilable aux cerveaux rudimentaires de la masse, être vêtu d'une forme symbolique, allégorique, parabolique, aggadique, même mythique, en un mot d'un exotérisme proportionné à la taille médiocre du vulgaire. Ces revêtements successifs, au cours de l'histoire morale de l'humanité, ont constitué les différentes religions. Mais ces exotérismes eux-mêmes ont été plus ou moins grossiers ; en vertu de l'évolution superorganique, les symboles ont été en s'élevant et en s'épurant. Quant un certain nombre de siècles sont arrivés à user un habillement de la vérité, il a fallu en trouver un autre pour draper à nouveau cette lumière inaccessible ; c'est ce qu'on appelle une *révélation*. La révélation chrétienne est la plus haute qui ait paru, puisque son auteur sous la forme humaine est une émanation réelle et substantielle de Dieu. Il n'en est pas moins vrai que même sous le christianisme, et en demeurant d'une irréprochable orthodoxie, il est permis à quelques hommes, à leurs risques et périls, de chercher à dépasser la révélation et de demander l'initiation. — Je dis, à leurs risques

et périls. — En effet, l'orgueilleux qui a plus de
vanité que de santé cérébrale court le danger, en ten-
tant la route des arcanes, de s'égarer en d'inextricables
labyrinthes et de s'écrouler en des précipices sans
fond. Que ceux qui ne se sentent pas une véritable
trempe métaphysique demeurent aux sentiers battus
qui les conduiront sûrement au royaume de Dieu.
Le petit nombre des initiés n'est point destiné à une
portion plus grande de bonheur, mais seulement à
une intellection plus large de la vérité. L'acuité particulière de leur vue philosophique ne peut s'adapter
à la commune distance. Vouloir les contraindre les
jetterait dans la rebellion pure et simple. Qu'importe
à l'incommutable absolu ! Quant l'exotérisme fait
dire au Bereschit : Au commencement Dieu créa le
ciel et la terre, laissez l'esotérisme traduire mot à
mot : Quand les archétypes furent, les êtres ministériels des forces séparèrent le fixe du volatil.

III

En ce qui touche la haute métaphysique et l'hermétisme, l'enseignement des séminaires est notoire-
ment insuffisant; à la fin de la dernière année d'études
au cours de l'enseignement que l'on appelle les
diaconales, quelques notions tronquées, rapetissées
et inexactes de magie sont données aux jeunes ap-
prentis du ministère paroissial, en même temps que
les théories casuistiques de « Sexto et Nono » qu'on
leur fait aborder à regret et le plus tard possible. Je

comprends très bien la répugnance des professeurs
devant une exégèse de la concupiscence, côtoyant de
très près, quoiqu'on fasse, la pornographie et l'obscé-
nité. Mais ce qui m'étonne est la parcimonie des ren-
seignements donnés sur l'ensemble des sciences occultes dont le rôle toujours considérable est appelé
à grandir démesurément. On admet naturellement le
miracle, mais comme dérogation aux lois de la nature,
ce qui est une hérésie, et comme produit direct de
l'intervention de Dieu ou des saints ; ce qui est matériellement faux. On admet aussi la goétie ou magie
noire, sous le nom singulier de mystique diabo-
lique.

Mais on nie obstinément la haute magie, la théur-
gie, la gnose, c'est-à-dire la mise en œuvre des forces inconnues de la nature par des théosophes ou
des savants n'ayant aucune espèce de parenté avec
l'esprit malin. On rit d'Apollonius de Tyane et
de Paracelse si parfois ou prononce leur nom ; et
l'on traite de fou bizarre, digne à peine d'un hausse-
ment d'épaules, l'auteur de la langue hébraïque resti-
tuée, l'illustre Fabre d'Olivet, l'un des plus hauts re-
présentants de la pensée moderne, la gloire de l'ésotérisme au dix-neuvième siècle. L'Église, qui, avec
raison, croit aux sorciers, ne peut refuser d'ajouter
foi aux mages. Il faut en finir avec les vieux errements des diaconales. L'ascétisme et la Puissance des
ténèbres n'ont point le monopole de la thaumaturgie ; avouons et respectons la compétence en ces hautes
matières de la science ésotérique pure, n'ayant
point nécessairement une préoccupation religieuse, et

ne baisant point forcément le bouc aux plus vilaines
régions de son animalité.

IV

Je place tout naturellement ici la grave question
des peines éternelles. Je m'empresse tout d'abord
d'affirmer avec la plus grande énergie qu'aucune
preuve valable n'a été donnée de la durée perpétuelle
de ces peines. Les textes évangéliques invoqués parlent
de châtiments terribles, mais la notion de l'irrévocable
n'y apparaît point. On fait un raisonnement scolastique
d'une révoltante absurdité. On dit : l'offense à un
être infini est infinie, donc le châtiment doit être infini ; mais comme nous sommes finis, le dit châtiment
ne peut être infini en intensité, donc il doit être infini
en durée. Pardon, je suis catholique et je m'inclinerai
devant une définition papale, mais jamais ma raison
ne se pourra rendre à un aussi pitoyable argument,
à une logomachie aussi ridicule. La majeure est : l'offense à un être infini est infinie. Mais non, mauvais
scholiaste, il faudrait être soi-même infini pour infliger une offense infinie. Dieu même est tellement hors
de proportion avec les êtres créés qu'il ne peut être
offensé par aucun d'eux, pas plus qu'un homme par
la déjection microscopique d'une fourmi que son
talon écraserait. Nous pouvons offenser la loi, la
Norme, qui est établie par Dieu, mais notre offense
est minuscule comme nous-même. Je poursuis la
démolition de l'affreux prosyllogisme : Étant finis,

nous ne pouvons recevoir un châtiment d'intensité
infinie; parbleu! Mais pourquoi tout à l'heure, étant
toujours finis, pourrions infliger une offense infinie?
Activement nous pourrions donc produire un acte
infini, que passivement nous sommes incapables de
supporter. C'est du galimatias stupide. Et puis,
voyons quelle est la doctrine de l'Église : La damna-
tion peut résulter, dit-elle, de la mort en état de péché
mortel, s'il n'intervient pas un acte de parfaite con-
trition. Eh bien! qui vous dit que la grâce divine ne
fait pas intervenir régulièrement cet acte sauveur. Ne
puis-je pas soutenir que personne ne meurt en état de
péché grave sans avoir formulé le repentir tutélaire.
L'Église ne damne personne, s'empressera-t-on de me
répondre. Eh bien, ni moi non plus. Nous sommes
d'accord. Il y a certainement des peines dans l'autre
vie et des peines fort redoutables, ce qui est juste. Ma
faible intelligence ne voit pas comment faire accorder
l'expiation éternelle avec les mérites infinis du sang
versé par l'Homme-Dieu.

En quoi peuvent consister les châtiments du monde
futur? Le dam est certain et peut être perpétuel. Seulement il faut le définir. Le dam, formule le catéchisme,
est la privation de la vue de Dieu. Pardon, il faut
dire la privation de la très petite mesure dans laquelle
il nous est permis de connaître l'absolu divin. Quant
aux tourments physiques, il ne faut pas admettre les
descriptions terribles et les tableaux épouvantables
dus à l'imagination des sermonaires. Nous serons
punis. Cela est indiscutable. Il est possible que toutes
les facultés de notre être participent à l'équitable

supplice, mais de grâce ne vous évertuez point à faire de Dieu, du bon Dieu, de l'agneau de Dieu, du Seigneur de miséricorde, un tyran et un bourreau dont la férocité dépasserait toutes les conceptions humaines et toutes les abominations de l'histoire. Voyons, lequel d'entre nous consentirait à verser le plomb fondu même sur Quesnay, même sur Constans ?

V

Quelques mots sur l'*Index* ecclésiastique dont les formules absolues rappellent un peu celles de la Gehenne. L'opinion que je vais citer et établir est depuis longtemps la mienne. J'ai eu la satisfaction de la voir partager par un prêtre approuvé. Je ne veux pas changer un iota au rescrit de mon auteur, auquel le doctorat en théol.... gie donne au point de vue exotérique une certaine autorité. « L'index est un *instrumentum regni* destiné à satisfaire la bile noire des théologiens. » Je n'aurais peut-être pas employé des termes aussi énergiques, mais mon sentiment est le même. Maintenant doit-on blâmer l'index? Non, il a raison d'être. Son épée flamboyante écarte quelques âmes simples d'un paradis défendu où elles trouveraient la perdition. L'Église a le droit et le devoir d'empêcher certaines personnes de lire certains livres. Je comparerai l'Index à l'étiquette rouge que les pharmaciens mettent sur les poisons. Quand on vous dit : tel livre est à l'index, cela signifie : médicament pour l'usage externe, profanes, n'y touchez pas. Mais l'Index n'a

jamais eu l'intention de régir les intellectuels, ni
même les personnes d'une éducation supérieure.
Encore moins a-t-il prétendu stigmatiser les ouvrages
qu'il défend. La Bible en effet est à l'Index. L'Index
est une préservation, tout comme les contre-sens de
Saint Jérome qui étaient voulus et prémédités. On ne
peut dire tout à tous et sous la même forme. Je trouve
encore là et bien topique la confirmation de l'opinion
émise au commencement de cette note au sujet de la
nécessité de deux enseignements. Un penseur ne peut
guère écouter la même prière que Jeannette, la sainte
et digne fille de peine qui soigne chez nous les porcs
et les oisons.

<h2 style="text-align:center">VI</h2>

Une des plus grosses bourdes commises par l'enseignement vulgaire, pour cause de simplification
probablement, est la division du composé humain
en deux parties : le corps et l'âme. Les bons exotéri-
ciens oublient la portion capitale, la seule correspondant probablement à une idée de substance : l'esprit.
Confondre l'âme et l'esprit constitue la plus lourde
erreur, le plus inconcevable contre-sens. Image divine, l'homme est triple, esprit, âme, corps. La doctrine de saint Thomas d'Aquin est formelle sur ce point.
Saint Paul n'est pas moins explicite : Gardez-vous,
dit-il, de confondre l'âme et l'esprit qui sont essentiellement distincts. C'est par l'esprit que nous
tenons au monde divin, notre âme ressortit au plan
astral et notre corps au plan matériel. La triplicité de

l'homme est absolument supposée dans l'énoncé du
mystère de l'Incarnation. Le Verbe, dit le dogme,
s'incarna en prenant un corps et une âme semblables
aux nôtres. Que se trouvait-il donc dans l'humanité
divine ? Une abréviation du Verbe, tenant lieu d'esprit, un corps et une âme. L'Homme-Dieu est triple, il
est dogmatiquement semblable à l'homme, donc
l'homme est triple. La confusion de l'âme avec l'esprit repose sur une ignorance complète de la pneu-
matologie, et sur une négation péremptoire du monde
intermédiaire, du monde astral qui confine à la matière par ses dynamismes inférieurs et se rattache à
l'esprit, comme exécuteur de concepts, par ses plus
subtiles vibrations. Nous examinerons un peu plus
tard le degré d'entité formelle ou substantielle qu'il
faut admettre dans chacun des trois mondes ; d'ores
et déjà les trois ordres de phénomènes nous apparaissent bien nettement délimités avec leur carac-
téristique individuelle. A l'esprit la conception, à
l'âme l'ondulation émotionnelle, au corps l'acte physique. Cette division tripartite paraîtrait confondre
l'âme et le corps astral. Le bouddhisme ésotérique,
qui a poussé l'analyse du composé humain jusqu'en
ses dernières limites, reconnaît sept éléments com-
posants :

Rupa.	Le corps matériel.
Jiva.	La force vitale.
Linga sharira.	Le corps astral.
Kama rupa.	L'âme animale.
Manas.	L'âme humaine.
Boudhi.	La force spirituelle.
Atma.	L'essence spirituelle.

Ce septenaire peut-être simplifié en ternaire avec les attributions compréhensives suivantes :

Rupa. Jiva.	} Corps.
Linga, sharira. Kama, rupa. Manas.	} Ame.
Boudhi. Atma.	} Esprit.

Il est parfaitement logique de relier au corps matériel *Rupa*, la force vitale *Jiva* ; à l'âme *Manas*, le corps astral *Linga*, *Sharira*, qui est la forme fluidique du corps matériel et l'âme animale, *Kama-Rupa* qui est le siège des émotions sensitives ; à l'esprit *Atma* l'émanation divine, le *Boudhi*, force spirituelle qui détermine la personnalité psychique de chaque individualité humaine. Du reste, en étudiant plus tard les hypothèses les plus séduisantes sur la constitution de la matière, nous verrons qu'il ne faut pas attacher une importance essentielle à ces différentes divisions et que le groupement tripartite des phénomènes ne peut aboutir en fin de compte qu'à la constatation d'une unité indivisible.

VII

Je termine cette deuxième note sur la nécessité d'un enseignement ésotérique, par l'indication sommaire d'une fort ingénieuse hypothèse de Swedenborg sur la rédemption messianique du genre humain. De tout temps les esprits réfléchis, soucieux de l'au-delà, se sont préoccupés de l'habitation possible des

mondes planétaires par des êtres analogues à nous.
A cette opinion, infiniment probable, pour ne pas
dire certaine, les théologiens de l'éxotérisme vous ré-
pondent montés sur leurs grands chevaux, je veux
dire sur leurs ânes : Comment ! Les planètes sont
habitées ! Mais alors leurs habitants ont-ils péché ?
Jésus-Christ les a-t-il rachetés ? Voyez quelles trou-
blantes difficultés vous nous suscitez !

Le grand mystique suédois répond à ces effarés :

Dieu comme les médecins a combattu le mal dans
son principe et dans sa source. Il a choisi pour s'incarner la planète la plus corrompue, la terre. Sur
cette planète, le peuple le plus infâme, les Juifs.
Dans ce peuple, la plus abominable famille, celle de
David. Les télescopes, si perfectionnés qu'ils soient,
ne nous donnent pas encore les éléments suffisants
pour apprécier les différents degrés de moralité des
agrégations vivantes évoluant avec nous autour du
soleil. Mais, sur notre surface terrestre, nous sommes
à même de juger le peuple juif, qui, malgré sa haute
intelligence et son indestructible vitalité, nous paraît
justifier suffisamment l'anathème énoncé par le théo-
sophe des arcanes célestes. Quant à la famille de
David, l'histoire en main, nous sommes obligés de
convenir qu'il y en a peu de comparables, parmi les
familles illustres, aux points de vue réunis de la
cruauté, de l'avarice et de la lubricité, de toutes les
scélératesses imaginables. Pour saisir le mal dans sa
racine, le Sauveur du monde ne pouvait mieux s'a-
dresser.

NOTE III

AVENIR DE L'ÉSOTÉRISME

I

Les savants de notre époque, qui rejettent tout symbole pour s'en tenir aux seules données de la science expérimentale, ne pourront être ramenés à la religion que par l'ésotérisme. Et ils le seront nécessairement. Les raisons de sentiment et les considérations d'esthétique, les arguments tirés de l'histoire et de la tradition, les syllogismes boiteux, comme ceux que je citais tout à l'heure, seront à jamais incapables de faire du savant moderne un homme religieux. Le savant moderne se tient en garde contre les entraînements de son cœur; il n'en a pas même besoin, car ce cœur est en général cuirassé d'un triple airain. L'esthétique et ses lois lui sont presque toujours indifférentes : l'Académie des sciences en présence d'une splendide aurore, d'un merveilleux crépuscule, d'un clair de lune idéal, du plus magnifique des panoramas, à la lecture du Dante, de Shakespeare, de Hugo, de Lamartine, de Baudelaire, l'Académie des sciences s'écriera avec une touchante unanimité : Qu'est-ce que cela prouve ? l'aurore est-elle une majeure et le crépuscule un antécédent? quel rapport existe-t-il entre la reine des nuits et l'extraction des racines cubiques? le Niagara est-il un plus grand commun diviseur? Lamartine se met-il en équation ? Hugo entre-t-il sous une machine pneumatique et Baudelaire dans un flacon à trois tubulures ? Si vous leur opposez l'histoire et la tradition, il les qua-fieront d'infirmes et vous écraseront à coups de texte ressuscités et d'inscriptions exhumées, Et il faut bien avouer qu'au point de vue de la philosophie logique, ils seront plus rigoureux que les auteurs du baccalauréat, et le petit manuel si précieux de M. Tempestini. Mais en face du raisonnement hermétique, en présence d'une métaphysique inattaquable et d'une méthode supérieure, les plus récalcitrants des négateurs commenceront à ouvrir les yeux et les oreilles. Et puis enfin, à ces exigeants, à ces rigoureux qui demandent des faits, on leur en fournira par hottes, par brassées, par tombereaux. Il faudra qu'ils se résignent à ajuster leurs besicles, à appliquer leurs chers procédés aux documents incontestables que nous soumettrons à leur examen. Ils pourront fouiller à loisir tout leur arsenal de balances de précision, de phonographes, de microphones, d'objectifs. de chambres noires, et d'appareils enregistreurs de toute espèce ; il leur sera loisible, à l'instar de William Crookes, de soumettre nos phéno-

mènes aux contrôles les plus sévères ; à la fin de leurs
investigations il leur faudra conclure ; et, sous peine
d'être des têtus ou des farceurs, ils concluront pour
nous. William Crookes était un pur savant, un des
physiciens les plus distingués du monde entier, il découvrit l'état radiant de la matière, et il a suivi pour
étudier les phénomènes hyperphysiques toutes les
règles de la critique scientifique la plus défiante et la
plus méticuleuse. Et il a dû admettre l'existence de la
force psychique, connue et mise en œuvre à toutes les
époques par les adeptes de toutes les initiations.

II

Grâce à l'ésotérisme, c'en est donc fait et pour
jamais de la doctrine matérialiste, de cette opinion grossière et stupide, malhonnête et révoltante, aboutissant
à la suppression de toute loi, à la négation de toute
morale. Étaient-ils insolents ces prétendus sages, depuis
Condillac, Broussais et Cabanis! S'étaient-ils bruta-
lement implantés dans toutes nos chaires, s'étaient-ils
gavés des applaudissements et des bravos d'une folle
et inepte jeunesse qui mettait naguère toute son ardeur,
tout son enthousiasme, à ne voir au delà du tombeau
que la désagrégation de la charogne humaine. L'âme,
nous disaient-ils, un rire sarcastique aux lèvres, nous
ne l'avons pas rencontrée sous notre scalpel, la pensée
est secrétée par le cerveau, comme l'urine par les
reins ; vous êtes plus ou moins criminel suivant que
votre crâne est plus ou moins bosselé, votre talent,
votre génie ne sont que des névroses, votre courage

dépend du battement de vos artères, et votre volonté du développement de vos ganglions.

Oui, ce langage nous a été tenu par des lauréats de l'école de Paris, par des disciples de ce grand pataud de Robin. Eh bien, mes amis, que direz-vous de ce médium qui met en mouvement les objets ambiants, qui agite des crayons inertes, et leur fait tracer des propositions aussi logiques que grammaticales, qui, sans supercherie possible, fait saillir à vos yeux des formes humaines ? Parlerez-vous encore de pie-mère et d'arachnoïde, de phrénologie et de système vasculaire, de grand sympathique et de moelle allongée ? Prenez-en votre parti, vous êtes anéantis, croulés, effondrés comme un rocher que pulvérise la dynamite. Les savants du siècle futur vous traiteront comme nos bons docteurs traitent aujourd'hui les rebouteux et les vétérinaires. Le matérialisme est fini ; ce mort là, par exception, n'aura pas de survivance et ce sera justice qu'aucun prêtre d'aucun symbole ne se montre à son enfouissement civil. Quant aux positivistes qui constituent sur les matérialistes un immense progrès, ils deviendront nôtres. Littré, leur grand chef, a bien fini par le baptème ; ce dont je le félicite avec beaucoup d'énergie. Les positivistes sont prudents ; ils ne disent pas Non avec l'acharnement d'un mulet doué de langage. Ils ont la bonne foi d'admettre tout ce qui leur est démontré. Or montrer vaut démontrer.

Je vois bien qu'il y a un obstacle : beaucoup disent à l'instar de Renan, qui, malgré sa grande intelligence a proféré cette ânerie : « Ce n'est pas possible, donc ce n'est pas, donc nous n'irons pas voir. » Si vous

4

ne voyez pas, vous entendrez, car toute notre génération, entraînée par l'évidence, vous rebattra les
oreilles jusqu'à vous assourdir des proclamations de
la science nouvelle, et vous finirez par vous résigner
avec cet aphorisme déjà vieux : « Il faut bien que nous
suivions cette multitude, nous sommes ses chefs. »
L'inévitable reconnaissance des phénomènes de l'ordre
psychique ne peut amener les esprits de bonne foi
qu'à la profession catholique. Je sais bien que quelques personnes, entichées de Cakya-Mouny et émer-
veillées par les Védas, voudraient nous gratifier du
bouddhisme. Ces personnes se trompent de latitude et
de longitude. Il y a un grand trésor de vérités dans
le bouddhisme ésotérique, mais vouloir nous faire
adhérer à Bouddha quand nous avons Jésus, serait
proposer nos trains express à la théorie des oiseaux
du ciel. Je m'expliquerai tout à l'heure sur la supériorité du christianisme et je me borne en ce moment
à le désigner comme but d'arrivée aux tenants sincères des vraies doctrines ésotériques. Les catholiques
voient donc et bien nettement qu'ils auraient tort de
repousser l'hermétisme. C'est l'hermétisme qui leur
amènera le puissant renfort de la science moderne,
je parle de la science positive. Quant aux matérialistes
proprement dits, je l'ai affirmé, et je le répète, il n'y
en a plus, et cette doctrine brutiforme se réfugiera,
jusqu'à crevaison complète, dans quelques brasseries
interlopes du quartier latin, où les étudiants de vingtième année culottent leurs brûle-gueules et asticotent
leurs gothons.

III

Péladan écrira quelque jour l'Amphithéâtre des
sciences mortes. De cette dissection merveilleuse, de
cette anatomie magistrale, de cette histologie de l'Abstrait que le jeune mage seul peut aujourd'hui tenter,
ressortira invinciblement l'incomparable puissance,
la colossale immensité de la science antique. Malgré
l'infatuation des savants modernes, malgré leur suffi-
sance intolérable lorsqu'ils parlent de leur ascension
vers le progrès indéfini, celui qui a étudié le passé
dans ses sources profondes, dans ces vastes catacombes
où l'on est épouvanté par l'envergure des ossements,
celui-là, sans analyser son impression, éprouve l'intime
sentiment de la grandeur des vieux siècles, non seulement au point de vue des œuvres de l'esprit, mais
sous le rapport du pouvoir démesuré que possédaient
sur les forces naturelles, nos magnifiques ancêtres.
Et cela, en remontant très loin et très haut dans
l'ombre des âges morts, en passant par-dessus les
ruines romaines et grecques, en pénétrant jusqu'aux
décombres de l'Assyrie et de la Chaldée, ces ber-
ceaux primitifs de tous les mouvements de l'esprit,
ces océans originels où prirent naissance toutes les
houles de la pensée humaine. Pour ne parler que
de la plus haute des sciences exactes, je me figure
que nos plus illustres astronomes feraient bien triste
mine devant les Sars de ces contrées augustes, où
les bergers eux-mêmes considéraient la révolution

des astres, par le silence des grandes nuits. On applaudit de nos jours le calculateur habile qui a su prédire le retour d'une comète, mais de quelles acclamations saluerons-nous les mages royaux, qui, apercevant, il y a dix-neuf siècles, un météore étrange au fond du ciel oriental, en conclurent à la naissance du Sauveur du monde et se mirent en route, chargés d'encens et d'or, pour apporter à ses langes le tribut de leur amour et de leur adoration ? Ces paroles feront sans doute hausser de nombreuses épaules, je m'en consolerai en songeant à cette parole des Écritures : *Stultorum infinitus est numerus.* « Le nombre des imbéciles est infini. »

IV

Je pouvais être certain d'avance que cette théorie sur la science antique ferait faire des gorges chaudes toutes spéciales à ces triples ânes, quadruplement bâtés qu'on appelle les médecins aliénistes. Un de mes amis qui développait nos idées hermétistes sur la science en présence d'un de ces ignorants de haut vol, excita chez lui, me dit-il, un rire inextinguible. Mon Dieu, j'en suis bien aise, car cet incident me fait penser à énoncer mon opinion sur cette queue risible de la corporation sanitaire, qui abrite derrière des attitudes augurales et souvent derrière des actes coupables, le prodigieux néant de son savoir. Autant je m'incline devant l'énorme science de détail possédée par un chirurgien de la Faculté, par un Verneuil,

un Guyon, un Lucas-Championnière, autant je me
redresse, débordant d'ironie et de protestations, quand
on vient me vanter un Charcot, un Mottet, un
Brouardel. Ces gens là, lorsqu'ils veulent traiter la
folie ou l'hypnose, ne supportent pas l'examen. Pour
étudier ces questions avec quelques chances d'aboutir au vrai, il faut de toute nécessité être un ardent
et profond spiritualiste. Si l'on veut devenir éminent,
il faut être hermétiste et ésotéricien. M. Charcot croit
avoir inventé l'hypnotisme qu'il niait avec les autres
il y a vingt ans. Il procède en son abominable clini-
que de la Salpêtrière a des expériences qui devraient
le faire traîner pieds et poings liés devant les juges
correctionnels et même au jury des assises. Repré-
sentez-vous un éléphant en liberté au milieu d'un
magasin de porcelaines de Sèvres. Cet homme com-
met chaque jour des crimes comparables à des
meurtres. Croyez-vous qu'il ne mériterait pas le
boulet et la chaîne lorsque, suggestionnant une mal-
heureuse, il lui dit en désignant un arbre : « Va-t-en
poignarder ce sergent de ville ! » Voici un exemple
entre mille de la façon grossière et scélérate dont use
ce charlatan de l'Institut. Mottet, lui, est interrogé il
y a quelque temps sur la question de savoir si un
ingrédient absorbé par un homme sain d'esprit ne
peut déterminer chez le sujet une aliénation momen-
tanée. Savez-vous la reflexion de Mottet ? « Je ne suis
pas chargé de savoir pourquoi cet individu est fou,
ni s'il est frappé d'une folie accidentelle. Quand je
l'ai vu, je l'ai jugé fou, je n'ai pas autre chose à dire. »
Quant à Brouardel, il vient déposer à l'affaire

Eyraud-Bompart que la théorie de l'école de Nancy
sur la suggestion est inadmissible. Et quelle raison
donne-t-il ? Une raison très simple : « Si l'on s'avi-
sait d'ajouter créance aux hypothèses de MM. Liégeois
et Bernheim, l'action de la justice deviendrait impossible. » Cette pauvre Thémis, déjà si claudicante, aurait par surcroît un si grand nombre de bâtons dans
ses mauvaises jambes, qu'elle ne pourrait même plus
boiter ; elle tomberait les quatre fers en l'air. L'école
de Nancy avait la riposte belle, malheureusement
elle avait emprunté le défectueux organe du juriste
Liégeois, qui, au lieu de faire valoir ses bonnes raisons,
a cru devoir insulter le général Boulanger et lécher
la botte du procureur Bellebauge. Charcot, Mottet,
Brouardel, ô grands hommes de l'aliénisme ! Que
n'êtes-vous aliénés vous-mêmes, vous seriez du moins
excusables ! Et dire que pour comble de science, vous
avez déclaré fou dangereux le commandant Hériot
que son indigne épouse voulait séquestrer et dépouil-
ler ! De tout le poids de votre valeur officielle, vous
avez pesé pendant quatorze mois, pour faire édicter à
la justice la suppression d'un homme. Rabelais dit
quelque part : « Science sans conscience n'est que
ruine de l'âme. » Que devons-nous donc penser, quel
aphorisme devrons-nous émettre si la science et la
conscience sont inexistantes au même degré ?

V

Je veux terminer cette partie de la troisième note
par la mention d'une chronique scientifique de

M. de Parville qui démontre bien palpablement l'infinité de la science moderne :

Il paraît donc que l'astronomie nous réserve encore des surprises, malgré son étroite parenté avec
les mathématiques. On croyait connaître fort bien
dans ses traits essentiels notre système solaire, c'est
encore une illusion. Si l'année dernière dans un
examen on eût posé la question suivante : « Qu'est-ce
qui caractérise les mouvements de la lune ? la réponse eût été celle-ci : « La lune est le seul astre dont
le mouvement de rotation soit de même durée que le
mouvement de translation autour de la terre, elle
présente toujours le même hémisphère à notre globe. »
Cela a été écrit dans tous les livres de cosmographie
et d'astronomie. Et bien, notre satellite n'est pas le
seul du système solaire qui offre cette particularité.
Nous devons modifier en 1890 nos opinions à cet
égard. Deux astres, autrement importants dans la
hiérarchie sidérale, deux planètes tournent aussi autour de leur axe dans le même temps ou à peu près
qu'elles opèrent leur révolution autour du soleil. Le
directeur de l'Observatoire de Milan, Schiaparelli,
a mis le fait hors de doute en ce qui concerne la planète Mercure, celle qui est la plus proche du soleil et
celle qui est la plus difficile à observer, noyée qu'elle
est presque toujours dans la lumière solaire. Mercure
progresse en tournant toujours la même face au soleil. D'un côté l'éternelle lumière, de l'autre les per-
pétuelles ténèbres. Sa révolution et sa rotation s'effec-
tuent en 87 jours environ. Mais ce qui est beaucoup
plus singulier encore, c'est qu'une planète voisine de

nous, celle que l'on a toujours citée comme ressemblant le plus à la terre, Vénus, puisqu'il faut l'appeler par son nom, aurait aussi sa rotation égale à son mouvement de translation. M. Schiaparelli a annoncé cette particularité cette année, et les observations entreprises à Nice par M. Perrotin confirment les conclusions de l'astronome italien. Que l'on ouvre un livre quelconque d'astronomie et on lira : « La rotation de Vénus est à peu près égale à celle de la terre, elle est d'environ 24 heures... » Point du tout. Souvent femme varie... les astronomes aussi. — La rotation de Vénus doit être d'environ 225 jours, tout à fait lente, comme on le voit, et nullement comparable à celle de la terre. L'analogie entre notre globe et Vénus reçoit de cette découverte un accroc très sérieux. On a pu tirer cette conclusion de l'observation des taches. On suit une ou plusieurs taches, et, si ces taches mettent 225 jours avant de disparaître, il faut bien conclure que l'astre effectue sa rotation en 225 jours.

Il est vrai que de tout temps on a opéré ainsi. En 1666, Cassini, en suivant le mouvement de taches brillantes, assigna à Vénus une rotation de 24 heures, résultat confirmé en 1726 par Bianchini, et en 1840 par le P. Vico. Mais ici on peut facilement prendre l'ombre pour la proie et les premiers observateurs avaient porté des jugements téméraires.

Schiaparelli dit : Cette rotation de 24 heures est le résultat d'une série de paralogismes et de cercles vicieux. Les changements rapides de l'aspect de la planète, et spécialement des cornes, se reproduisant à 24 heures d'intervalle, sont l'effet des conditions diverses de vision qui résultent de la hauteur variable de l'ombre au-dessus de l'horizon et l'éclairement différent du fond du ciel. Ces conditions diverses se reproduisent en effet à presque toutes les vingt-quatre heures. En trouvant des taches bien définies, on s'aperçoit de l'erreur des premiers observateurs. Du 15 mai au 4 octobre, à l'observatoire de Nice, M. Perrotin a suivi jour par jour la rotation de la planète. Il a représenté par des dessins successifs les aspects de la grande bande sombre qui traverse l'astre à mesure qu'il tourne et il a été amené à conclure que la rotation de Vénus est très lente et s'effectue en 225 jours, avec une erreur possible de 30 jours. On s'était absolument trompé sur les allures de notre voisine.

Un mot encore au sujet de la physique et de la chimie. L'unité de fluide en physique et l'unité de substance en chimie furent des axiomes de la science antique, et voici qu'après de nombreux errements nos savants se voient obligés de revenir à ces vérités. Que de pataugements pour rentrer au point de départ. Je suis certain que s'il interroge sérieusement sa conscience, M. Berthelot ne doit pas trop blaguer les alchimistes. Les noms de Wurtz, de Després, d'Alfred Riche ne doivent pas trop faire pâlir ceux de Raymond Lulle, de Nicolas Flamel, de Van Helmont, de Basile Valentin.

VI

La grande supériorité de la science antique lui vient de sa méthode, la synthèse, à laquelle elle joigrit l'analogie. La synthèse exige, il est vrai, de puissants esprits mais elle déduit et marche rigoureusement, elle procède à grands coups de lumière au lieu de se confiner dans le labeur de termite où se complaît l'analyse. L'analyse est une méthode d'intelligences bornées et timides, elle s'accorde bien avec l'instrument inductif. Bien que Bacon nous dise que l'Induction réunit les faits comme en une poignée à l'usage de l'esprit, on peut se permettre de trouver cette poignée assez maigre et vraiment peu nourrie. Les conclusions sont bien hasardeuses, et le raisonnement chancelant s'appuie sans cesse aux douteuses béquilles de l'hypothèse. Il y aurait injustice à nier les résultats de la méthode analytique, mais il est bien permis d'en constater la lenteur, les tergiversations, le manque d'envergure. Nos savants ne sont pas assez philosophes, assez métaphysiciens. De fortes notions d'ontologie seraient susceptibles de les éclairer en physique, en chimie, en physiologie, en thérapeutique. Robin avec ses quarante ans de microscope (il s'y est crevé les yeux avant de crever lui-même), M. le professeur Robin me fait absolument pitié. Il a créé l'histologie, et l'a introduite aux examens, entre parenthèse, ce qui ne le fait pas bénir des candidats. Mais enfin, quand il m'a décrit minutieusement toutes les formes de toutes les cellules vivantes, a-t-il fait faire un pas à la thérapeutique? Personne ne l'affirme. Alors quoi ! Il ne valait pas la peine de t'aveugler, mon bonhomme !

VII

Avant de relier l'ésotérisme au christianisme, comme paragraphe dernier, je cite une curieuse formule de mathématiques depuis longtemps connue des théosophes et qui démontre une relation bien nette d'involution et d'évolution, de l'unité au ternaire et du ternaire à l'unité. Les hermétistes font sur les nombres deux opérations inconnues à l'arithmétique : la réduction et l'addition théosophique. La réduction théosophique consiste à faire la sommation de la valeur absolue des chiffres d'un nombre : par exemple, le nombre 17 réduit théosophiquement serait égal à 8, $17 = 1 + 7 = 8$. L'addition théosophique consiste, étant donnés les chiffres de 0 à 9, et étant pris l'un quelconque de ces chiffres, à totaliser tous les nombres compris dans ce chiffre. Exemple dans le chiffre 5, il y a les nombres 1, 2, 3, 4, 5.

L'addition théosophique écrira $5 = 1 + 2 + 3 + 4 + 5 = 15$.

Cela posé, considérons la progression arithmétique 1, 4, 7, 10, 13, 16,..... dont le premier terme est 1 et la raison 3, c'est-à-dire en d'autres termes la suite des nombres de 3 en 3. Tous les chiffres de cette série sont réductibles à l'unité. En effet :

$1 = 1.$

$4 = 1 + 2 + 3 + 4 = $ (add. th.) $10 = 1.$

$7 = 1 + 2 + 3 + 4 + 5 + 6 + 7 = $ (add. th.) $28 = $ (red. th.) $10 = 1.$

10 = 1.

13 = 4 = 1.

16 = 7 = 1.

19 = 10 = 1 et ainsi de suite. La formule algébrique peut être établie.

On peut aussi montrer la réduction du ternaire à l'unité par le moyen du quaternaire :

Ternaire = 3, quaternaire = 4.

3 + 4 = 7 = (add. th.) 28 = (red. th.) 10 = 1.

Les arithméticiens ont de quoi être rêveurs.

VIII

Il y a bien peu de différence entre le bouddhisme ésotérique et ce que l'on peut appeler le catholicisme ésotérique, s'il existait actuellement un corps de doctrine sous cette dernière dénomination. Mais nous avons déjà vu que les divers ésotérismes qui ne doivent pas ailleurs présenter aucune différence essentielle ne sont point des doctrines à l'usage de la foule qui ne peut s'élever qu'à des symboles exotériques. L'exotérisme a toujours un côté dogmatique plus ou moins clair, plus ou moins mystérieux, mais son point de vue principal est social et cultuel. S'il m'est permis d'admirer le bouddhisme ésotérique, je n'éprouverai pas du tout le même sentiment envers le bouddhisme vulgaire qui est à son haut générateur ce que le pracrit ou l'indoustani sont au sanscrit, la langue parfaite. Le bouddhisme a formé un peuple doux et vertueux dans son ensemble, mais d'une mollesse et d'une stagnation sans pareilles. Les innombrables habitants de l'Inde ont subi avec la plus grande facilité le joug étranger ; cinquante mille soldats anglais tiennent en respect une population de deux cent cinquante millions d'habitants.

Il est précieux pour une société de posséder au sommet de sa hiérarchie des boktes et des fakirs, mais la contagion de leur exemple est désastreuse pour le corps social. Le Royaume de Dieu a beau ne pas être de ce monde, il est du plus mauvais effet, même doctrinalement et moralement, de voir partout et toujours les enfants de lumière opprimés et subjugués par les fils des ténèbres. Nous devrons condamner socialement parlant une doctrine qui affaiblit un peuple au point de lui enlever toute capacité de résistance et toute énergie collective. Trois fois salut aux sages du bouddhisme, à ses poètes et à ses thaumaturges, mais qu'ils ne se fassent pas docteurs, qu'ils n'enseignent point. Il est beau pour une élite d'être contemplative; une nation a autre chose à faire qu'à regarder perpétuellement son nombril.

C'est ici qu'éclate la prodigieuse supériorité sociale du christianisme sur le bouddhisme. Les peuples chrétiens sont parvenus à l'empire du monde et le conserveront jusqu'au jour du jugement dernier. On nous donne bien à craindre de formidables invasions asiatiques comparables à celles de Gengis-Khan et de Tamerlan. Le phénomène est possible, mais notre submersion est improbable, et la houle orientale dont on nous menace viendra se briser sur le rocher occidental. Les peuples chrétiens sont des peuples d'at-

5

taque et de résistance, qui ont pris résolument possession de la Terre. Ils chantent le *Requiem* sur les
tombes, mais ils ne laissent point propager parmi les
vivants les délices du Nirvana. C'est cette supériorité
sociale des chrétiens qui justifie leur prosélytisme.
La communion chrétienne est la seule qui vise à propager sa foi. Les intéressants travaux du *Lotus rouge*
et du *Lotus bleu* ne peuvent être considérés que comme
de fort curieuses communications scientifiques à
l'usage d'adeptes et d'initiés. Personne ne les prendra
pour des prédications tendant à un recrutement de
fidèles.

Pas plus que les recherches effectuées aux laboratoires biologiques de MM. Pasteur et Brown-Sequart
ne pourraient être déduites et exposées devant un auditoire des Mille Colonnes, ou de la salle Wagram.

Le bouddhisme peut faire des hommes, le christianisme seul façonne des peuples. J'admets que Jésus-
Christ n'ait point apporté de dogmes nouveaux ; il a
indiscutablement introduit dans le monde une formule sociale ignorée avant lui. Il est venu pour
les foules, pour les pauvres et les petits, avant lui
négligés et dédaignés. Il a condensé dans la moelle
évangéliste tous les principes où les sociétés peuvent
puiser la force et la vie. Il a poussé la condescendance
à la faiblesse d'esprit des multitudes jusqu'à leur faire
des prodiges tout en disant avec un évident mépris
cérébral : « Ces-gens là demandent toujours des miracles. » C'est pourquoi son symbole est devenu universel, c'est pourquoi les peuples qui s'en sont nourris
ont conquis peu à peu la prépondérance terrestre due

à l'intellection de certaines normes très simples plutôt qu'à la pénétration d'arcanes supérieurs qui ne riment à aucun organe du mécanisme social. L'ésotérisme embrasse sans doute potentiellement la sociologie et la politique, mais les ouvriers de la pensée pure ont presque toujours les mœurs bouddhiques. Ils ne daignent point passer d'une majeure métaphysique à une conclusion profane et vulgaire.

Je ne veux point terminer cette note sans adresser une mercuriale motivée au plus coupable des scribes contemporains qui a osé, dans un ouvrage aussi plein de talent que de perfidie, saper les fondements de la foi chrétienne et « blaguer » la croyance à la Divinité du Christ. M. Renan, ce Talleyrand de l'exégèse, ce Jules Verne de la philologie, n'a point réussi. Il a servi de thème aux paraphrases d'un nombre incalculable d'imbéciles, lui, l'homme d'esprit par excellence, et ça été son plus terrible châtiment. Quelle créance ajouter à ce gros académicien jouflu, repu et fourbu, à ce véritable créateur du roman documentaire quand il vous dit cynique en son *Histoire d'Israël* : « Plusieurs de mes assertions paraîtront hasardeuses, aussi mon texte possède-t-il de nombreux points d'interrogation, et si mon public n'en trouve point assez, je l'autorise à en mettre à la fin de chacune de mes phrases. » Et dire qu'il fut Sulpicien ! Il parle beaucoup des frères et des sœurs de Jésus bien qu'ils aient été fort obscurs, accorde-t-il. Il fait cette découverte que Jésus ne se maria point, sans ajouter de peut-être. Quelle grâce !.. Écoutez comme cet harmonieux jongleur se moque de vous : « La médecine scientifique était inconnue en Palestine à l'époque de Jésus. Dans cet état, un homme supérieur traitant le malade avec douceur et lui donnant par quelques signes sensibles l'assurance de son rétablissement est souvent un remède décisif. Le contact d'une personne exquise ne vaut-elle pas les ressources de la pharmacie. » M. Renan devrait conclure au clystère par persuasion. Il convient pourtant que les anathèmes du Christ contre les pharisiens ont porté juste. « Ses exquises moqueries frappaient toujours au cœur. Stigmates éternels, elles sont restées figées dans la plaie. Cette tunique de Nessus du ridicule que le Juif fils du pharisien traîne en lambeaux après lui depuis dix-huit siècles, c'est Jésus qui l'a tissée avec un artifice divin. Chef-d'œuvre de haute raillerie, ces traits se sont gravés en lignes de feu sur la chair de l'hypocrite et du faux dévot. Traits incomparables, dignes d'un fils de Dieu. Un Dieu seul peut tuer de la sorte. » Oui, M. Renan veut prouver que Jésus n'est pas Dieu et il n'a au bout de sa plume que les mots Dieu et divin. Parfois sans doute il ironise. Mais à la fin quand il aborde la Passion, saisi malgré lui par son thème sublime, comme un infirme aéronaute que ballotte l'immensité, il ne disserte plus, il est obligé de chanter :

« Repose maintenant dans ta gloire, noble Initiateur. Ton œuvre est achevée; ta divinité est fondée. Ne crains plus de voir crouler par une faute l'édifice de tes efforts. Désormais hors des atteintes de la fragilité, tu assisteras du haut de ta paix divine aux conséquences infinies de tes actes. Au prix de quelques heures de souffrance qui n'ont même pas atteint ta grande âme, tu as acheté la plus complète immortalité. Pour des milliers d'années le monde va relever de toi. Mille fois plus vivant et plus aimé depuis ta mort, tu deviendras à tel point la pierre angulaire de l'humanité qu'arracher ton nom de ce monde serait l'ébranler jusqu'aux fondements. Entre toi et Dieu on ne distinguera plus. Pleinement vainqueur de la mort, prends possession de ton royaume où te suivront par la voie royale que tu as tracée des siècles d'adorateurs... »

Et plus loin la dernière phrase du livre maudit qui s'achève en psaume de David : « Quelques puissent-être les phénomènes de l'avenir, Jésus ne sera point surpassé. Son culte rajeunira sans cesse, provoquera des larmes sans fin. Tous les siècles proclameront qu'entre les fils des hommes, il n'en est pas né de plus grand que Jésus. »

Voici une affirmation qui confine, je crois, à l'apothéose.

O pouvoir incoercible de la conscience ! Révolte triomphante contre la volonté pervertie, des organes prédestinés à l'hosanna du beau et du vrai. Oui, les derniers mots de son athéisme sont : Dieu, divin, divinité, éternité. Sa langue se rebellionne contre le cynisme de son apostasie, et, tandis qu'il médite la négation et le blasphème, entendez-le, il chante le *Te Deum.*

NOTE IV

DE QUELQUES CONCORDANCES

I

Cette quatrième note contiendra, à titres d'exemples
et d'indications, plutôt qu'à titre d'énumération, l'é-
noncé de quelques concordances entre la révélation
chrétienne et l'initiation soit bouddhique, soit kabbalistique. En fait, les analogies sont innombrables; il faudrait pour les exposer un ouvrage comparable aux
grands dictionnaires. Je me suis contenté de montrer
les plus saillantes ou plutôt celles qui m'ont paru
de nature à frapper le plus les esprits éclairés,
selon mon humble jugement. Théoriquement et à
priori, l'existence de ces analogies est un fait nécessaire. L'état définitif *post mortem*, chrétiennement

désirable, a toujours été désigné dans la version latine, qui est celle de l'Église, sous le nom de *Requies*, repos. Les hymnes, les proses, les psaumes, reproduisent à tout instant cette expression. *Requiem æternam dona eis Domine; requiescant in pace.* — On dit couramment : « Priez pour le repos des âmes. » — Il en ressort clairement que, dans la croyance chrétienne, ce repos n'est pas une conséquence immédiate de la mort, mais seulement le but plus ou moins lointain que doit atteindre l'âme défunte et qu'on doit implorer pour elle de la miséricorde divine. Quelle ressemblance frappante avec le Nirvana des Hindous ! C'est très faussement qu'on a traduit Nirvâna par Néant, aussi bien que Maia par Illusion. Ces adaptations de sens sont des licences poétiques : Maia est *l'ensemble des apparences*; Nirvana est *le sommeil en Brahma*, le repos en Dieu. Le bouddhisme va jusqu'à dire : l'absorption en Brahma. Le chrétien ne peut aller jusqu'à l'abolition de la personnalité qui aboutirait à un pur panthéisme; mais il peut et doit admettre une sorte d'adhésion adorative, d'intention identifiée, qui fait de toutes les âmes, non des composantes dont la résultante serait Dieu, mais des convergences d'esprits contingents vers l'absolu dont ils émanent et qui les attire, comme leur principe et leur fin. — Le Nirvâna des Hindous ne saurait être confondu avec le Schéôl des Hébreux. Le Schéôl qui est analogue au Douaou des Égyptiens (hémisphère inférieur) est un lieu souterrain qui possède ses vallées, ses ombres, ses pâles habitants. C'est le séjour où descendent les âmes immédiatement après la mort

terrestre. Ce n'est pas nécessairement un lieu de délices ou un lieu de souffrances ; c'est plutôt un habitacle intermédiaire où les uns déambulent avec leurs
joies, ou les autres sont accompagnés par leurs douleurs. Eschaya représente aussi le roi de Babilou
entrant au Schéôl :

> Pour toi le Schéôl s'agite dans ses profondeurs ;
> De leurs trônes se sont levés tous les princes de la terre,
>   Tous les rois des nations,
>   Tous élèvent le ton et disent :
>   « Toi, tu t'es donc évanoui comme nous,
>   Tu es devenu semblable à nous ! »
>
> (LEDRAIN).

II

Le dogme chrétien de la résurrection des corps ne
va pas, comme l'affirment les ennemis de mauvaise
foi, ou de trop grossiers partisans de la lettre, jusqu'à
enseigner la réviviscence des molécules matérielles du
corps décomposé. D'abord, quelles seraient les molécules réagrégées et ranimées? Le corps humain se
renouvelle tous les sept ans. A quel septennat, la
résurrection emprunterait-elle les atomes corporels
dont elle veut reformer le composé humain? Cette
simple observation fait éclater le ridicule de l'interprétation exotérique. Du reste, suivant le dogme lui-
même, le corps ressuscité sera un corps glorieux,
exempt de toutes les infirmités et nécessités physiques,
pouvant se transporter d'un lieu à un autre avec la
rapidité de la pensée et doué du pouvoir de traverser
la matière, comme le fluide lumineux traverse les

5.

corps diaphanes. Tout ceci fait partie de la croyance catholique. Eh bien, quelle différence y a-t-il entre ce corps glorieux catholique et le corps astral des hermétistes ? Aucune. Impossible de donner une définition vulgaire du corps astral supérieure à la définition que fournissent les catholiques au sujet du corps glorieux. Le dogme chrétien de la résurrection doit ainsi être entendu : c'est le corps astral ou glorieux qui ressuscitera. Aucune portion essentielle du corps ne restera en proie à la dissolution, car le corps astral contient potentiellement toutes les qualités formelles et dynamiques du corps matériel. Nous verrons tantôt que le corps physique peut n'être considéré que comme une apparence. Les scholastiques l'ont dit eux-mêmes se révélant ainsi malgré eux hermétistes et kabbalistes :

Anima est forma et substantia corporis.

La résurrection du corps matériel, outre qu'elle est absurde, à première vue, serait de plus un non sens métaphysique.

III

Les Hindous appellent Karma la somme des mérites et démérites d'une âme au point de vue moral. Chaque homme naît, disent-ils, avec un Karma déterminé qui exerce sur sa vie une influence considérable et presque fatale. Le Karma provient des bonnes ou des mauvaises actions accomplies au cours d'une existence antérieure.

N'y aurait-il pas dans cette notion ésotériquement in‑
terprétée une explication de notre péché originel? Je
sais que je touche ici à un point singulièrement délicat
de l'enseignement dogmatique qui repousse nettement
la métempsycose. Essayons pourtant l'exposé d'une
hypothèse, qui ne me paraît pas heurter de front notre
symbole chrétien, et peut en somme se concilier avec
lui. Le symbole chrétien est peu étendu sur ces ques‑
tions initiales et terminales de la naissance et de la
mort. La naissance et la mort ne sont point l'objet de
définitions dogmatiques. Quand naissons-nous réelle‑
ment? Le Credo ne répond point à ces questions qui
font partie du domaine général scientifique. Or l'Écri‑
ture dit en parlant de Dieu : *Tradidit mundum dispu‑
tationibus eorum.* Ce que le dogme n'a pas clairement
et péremptoirement défini est du domaine de nos
recherches. Il y aurait assurément hérésie à prétendre
qu'une âme responsable, désincarnée après sa vie
terrestre, se réincarne dans un corps terrestre. Ce serait
la métempsycose pure et simple qui est formellement
condamnée par l'Église. Mais ne peut-on pas soutenir
que l'ensemble de la vie matérielle d'une âme comporte
plusieurs incarnations successives dans différents
mondes planétaires. Je conviens que si cet enseigne‑
ment était accepté comme orthodoxe, il devrait être
conservé ésotérique, mais enfin dans ces pages nous
parlons ésotérisme.

Si cette opinion est admise, la théorie du péché
originel est des plus simples et s'identifie presque à la
théorie du Karma. Vous avez vécu dans une planète
où vous avez amassé une certaine quantité de mérites

et de démérites. L'excès du démérite à votre première mort et à votre réincarnation dans un deuxième monde constitue votre péché originel. Je répète que je n'affirme rien et que je demeure soumis d'intention à l'infaillibilité pontificale du pape romain, j'essaie tout simplement une explication qui, aux faibles lumières de ma raison, ne paraît pas en opposition avec le dogme catholique.

IV

D'après les croyances hindoues, l'âme désincarnée se trouve aussitôt après sa mort matérielle dans un état appelé le Kama-Loka. Je dis un état et non un lieu. Car l'idée d'espace et de déterminisme local ne me semble point compatible avec les propriétés de l'âme séparée du corps physique. L'âme Kama-Lokiste, sous le nom d'Élémentaire, peut intervenir et jouer un rôle dans certains phénomènes de l'ordre physique, apparitions, spiritisme, tables tournantes, possessions et obsessions. Toutefois l'élémentaire n'est pas le seul être pouvant concourir à la production de cet ordre de faits, nous verrons bientôt qu'il y a une autre catégorie d'êtres hyperphysiques appelés en doctrine ésotérique les Élémentals, d'une toute autre nature, et pourtant susceptibles de participer à la série des phénomènes dépendant de la force psychique. Revenons au Kama-Loka. Cet état de l'âme désincarnée se rapproche beaucoup de la notion catholique du purgatoire. Comme le Kama-Loka, le purgatoire est une station intermé-

diaire, qui peut être envisagée comme une période
d'attente et d'expiation. Après le purgatoire, le dogme
chrétien nous montre le paradis; postérieurement au
Kama-Loka, l'ésotérisme indou nous enseigne l'entrée
de l'âme suffisamment pure dans le Devakhan, ou
repos céleste.

V

Le Devakhan hindou correspond donc à notre
paradis chrétien. Pourtant il existe entre les deux
notions une importante différence. (Lermina, *Magie
pratique*.) «Ce n'est pas la monade individuelle seule
qui entre au Devakhan, cette essence qui traverse
toute la série des existences, cette monade qui survit
à tous les changements. Ce qui survit en Devahkhan,
c'est la conscience personnelle de l'être désincarné ;
c'est notre individualité elle-même dans tout ce qui
constitue nos aspirations les plus hautes, nos affections
les plus tendres, nos goûts les plus élevés. L'individualité est ce principe qui depuis le commencement de
l'évolution tend toujours à se dégager. Il y parvient
d'autant plus que notre volonté résiste plus énergiquement à l'obsession de la matière. Les croyances
hindoues affirment que ce dégagement complet ne
peut s'opérer qu'à la suite d'un certain nombre d'incarnations et de réincarnations, D'après elles le Devakhan n'est point le paradis chrétien, séjour de délices
éternelles. C'est un état transitoire, une halte après
laquelle la monade individuelle entre dans une

nouvelle période d'incarnation pour parachever l'œuvre de sa purification absolue, jusqu'à ce qu'elle rentre enfin dans le Nirvana, où revenue identique au principe spirituel lui-même, elle est définitivement absorbée en lui. » On voit ici que le bouddhisme verse dans le panthéisme subjectif. « Si l'état devakhanique est incompatible avec les goûts purement sensuels de la dernière personnalité, il ne s'ensuit pas que les seules inspirations métaphysiques persistent dans cet état nouveau. Toutes les sensations produites sur un plan supérieur trouvent en Devahkhan leur sphère de développement et d'épanouissement. Tous nos rêves purs et légitimes se trouvent réalisés, tous ceux que nous avons aimés sont près de nous et ne nous quittent plus. Les besoins de notre esprit et de notre cœur sont comblés.

Mais l'état de Devakhan n'est qu'un état de relativité qui dépend de la somme des forces spirituelles déjà acquises par l'individu au courant de son évolution. En Devakhan, la situation dépend du Karma comme aussi en dépend le nombre de réincarnations nécessaires pour l'entrée en Nirvana. En Devakhan, l'amour, cette puissance créatrice, place l'image aimée en face de l'amant qui désire sa présence, et cette image est toujours là prête à répondre au moindre appel pour combler les désirs de l'être aimant. — Seulement il ne peut rien y avoir qui ressemble à une union corporelle. Si de deux êtres s'étant aimés, l'un reste vivant sur la terre, et ne peut avoir qu'en rêve le sentiment de ses relations avec l'être envolé, bien qu'au réveil il devienne la plupart du temps inconscient de ses relations, l'être devakhanique, lui, conserve sans interruption le sentiment et les joies de la possession spirituelle de l'être aimé, puisqu'il n'aura à subir à aucun instant la séparation qu'imposent les liens du corps à celui sur qui ils pèsent durant la vie terrestre.

En Devakhan notre Ego est devenu une individualité toute mentale et ce qui, pour lui, dans la vie grossière des sens, était une illusion, un reste, un produit de l'imagination, devient dans ces nouvelles conditions la réalité elle-même, cent fois plus réelle que la fausse réalité dont nous sommes les dupes ici-bas. Le Karma est une expression collective qui dénomme un groupe d'affinités bonnes ou mauvaises générées par l'être humain pendant sa vie terrestre et dont le caractère s'imprime dans chaque molécule du cinquième principe, l'âme humaine (Manas), auquel il reste inhérent pendant toutes les périodes de changement que ce dernier traverse depuis le moment où il sort de la vie active jusqu'à ce qu'il y rentre. (*Revue Théosophique.*) On saisit immédiatement les nombreuses analogies et les notables différences existant entre le Devakhan et le Paradis. J'ajoute qu'à la notion chrétienne d'éternité correspond en foi boudhique le Manvantara, qui désigne la très longue période involutive et évolutive embrassant le cycle de la monade individuelle jusqu'à son absorption en Nirvana. Plusieurs stades devakhaniques peuvent être embrassés par un même Manvantara.

VI

En nous élevant dans la mystique métaphysique nous trouvons encore une analogie bien topique entre la série des Sephiroth kabbalistiques et la hiérarchie angélique. On sait que la hiérarchie angélique a été établie par le plus grand des docteurs de l'Église, saint Denis l'Aréopagite, et qu'elle se présente ainsi en échelle ascendante :

Les Anges. . . . 1 ⎫
Les Archanges. . 2 ⎬ Troisième hiérarchie.
Les Principautés. 3 ⎭

Les Puissances. . 4 ⎫
Les Vertus . . . 5 ⎬ Deuxième hiérarchie.
Les Dominations. 6 ⎭

Les Trônes . . . 7 ⎫
Les Chérubins. . 8 ⎬ Première hiérarchie.
Les Séraphins. . 9 ⎭

Voici maintenant comment la Kabbale classe et dénomme les forces d'en haut, les forces pures :

Yesod . . .	1	La base.	⎫ Troisième Trinité supérieure.
Hod	2	La splendeur.	
Netzatch . .	3	La victoire.	
Tiphereth . .	4	La beauté.	⎫ Deuxième Trinité supérieure.
Gebuhrah . .	5	La force.	
Chesed . . .	6	L'amour.	
Binah. . . .	7	L'action intelligente	⎫ Première Trinité supérieure.
Chokmah . .	8	L'activité infinie.	
Kether . . .	9	L'espace infini.	

Les trois trinités se résolvent en Malkuth, la vie absolue, de même que les trois hiérarchies angéliques

peuvent se résumer en l'Elohim ministériel de la
force. Les kabbalistes, comme saint Denis, qui devait
connaître leurs travaux, rangeaient ainsi les forces
supérieures du monde métaphysique en échelle cor-
respondante aux trois éléments de l'Être universel ;
     Les Principes.
     Les Lois.
     Les Faits.
Ces coïncidences méritent d'être signalées.

VII

L'imagination populaire prête aux saints et aux
anges une lumière qui sous le nom d'auréole ou de
nimbe environne leur corps et principalement leur
front. La tradition artistique est d'accord en cela avec
les bonnes légendes vulgaires ; jamais un peintre ne
se permettra de représenter un élu sans faire planer
au-dessus de sa tête un cercle lumineux. Or une indiscutable réalité vient appuyer cette tradition et cette
légende. Le fluide astral tend constamment à s'éva-
der du corps matériel comme un gaz physique tend
à s'échapper du récipient qui le contient. Il cherche
à se répandre au dehors, principalement pendant le
sommeil et les différents états nerveux périodiques ou
accidentels, nouveaux ou morbides. La rupture complète du lien qui enchaîne le fluide astral au corps
matériel entraînerait immédiatement la mort de ce
dernier. Mais le corps astral, tout en pénétrant les
moindres molécules de l'organisme humain, projette

au dehors une émanation fluidique qui, sous le nom
d'Aura, environne le corps comme une espèce de
nébulosité flottante. Cette aura est surtout visible à
la tête et aux mains ; C'est-elle qui constitue l'auréole.
La réalité de l'aura est aujourd'hui tellement recon-
nue que le langage scientifique s'est emparé de l'expression. On appelle aura hystérique, aura épilepti-
que cette sensation de bouffée de chaleur, montant à
la tête des hystériques et des épileptiques au moment
de l'accès nerveux, qui est du reste engendré par un
violent soubressaut du corps astral. Bien qu'il soit
stupide et ridicule de comparer la sainteté à une névrose quelconque, particulièrement à l'hystérie, il est
bien évident que la sainteté à un haut degré, sans
avoir le moindre caractère morbide, exerce dans ses
manifestations actives, une influence notable sur le
fluide astral qui est notre véhicule supérieur de pro-
jection psychique. Il est aussi fort juste d'admettre
qu'un élan profond de l'âme en oraison produit une
déséquilibration nerveuse. Il ne suit de là aucune
connexité nécessaire entre l'ascétisme et l'hystérie. Un
effet identique peut provenir de deux causes bien
diverses et même diamétralement opposées. De ce
qu'on perd la tête sur un échafaud, il ne s'ensuit pas
qu'on soit un criminel. On peut être aussi bien un
héros ou un martyr.

VIII

La morale du sacrifice, la plus haute qu'aient jamais prêchée les religions, est commune au christia-

nisme et au bouddhisme. Un exemple célèbre est
donné par le fameux épisode de la descente du Gange
tiré du Ramayana. Autrefois, dit cette légende, le
Bengale était privé de fleuves et son roi, Bhagiratha,
entreprit d'obtenir par une longue période de souffrances que les eaux du Gange pussent fertiliser ses états.
Pendant plusieurs siècles, il se tint debout entre quatre brasiers continuellement alimentés qui faisaient
subir à sa chair le supplice horrible du bûcher, sans
la consumer jamais. Il demeura ensuite exposé pendant une interminable suite d'années aux intem-
péries de l'hiver et à toutes les tortures de la faim.
Ce fut après trente mille ans que Brahma autorisa
Civa à recevoir sur son front les eaux du Gange qui
flottaient dans les cieux, et qui eussent fendu la terre
de part en part si elles fussent tombées directement
sur le sol. L'épaisse chevelure du dieu Civa amortit
la violence du choc et servit aux flots de réservoir
intermédiaire. Bhagiratha fut alors délivré de ses
tourments, et, comme un chef se met à la tête de son
armée, prit le commandement des vagues écumantes
qu'il conduisit majestueusement vers la mer. Tel est
le résumé en quelques lignes d'un délicieux fragment
de poème, duquel ressort bien nettement dans toute
sa grandeur, dans toute sa solennité, la doctrine
héroïque du sacrifice. Il faut convenir que sur ce
point nous n'avons ni précédé, ni dépassé les Hindous. Malgré tout cependant, le sacrifice du roi
Bhagiratha étonne plus notre esprit qu'il n'émeut
notre cœur.

IX

La haute magie et l'Église s'accordent pour proscrire la crémation des morts. L'église même, au point de vue simplement exotérique ne peut admettre l'anéantissement violent, au moyen de l'agent destructeur par excellence, des organes qui furent, suivant l'expression des mystiques, le temple même du Saint-Esprit. Le juste et universel respect dont les morts sont environnés s'oppose à la désagrégation brutale des éléments constitutifs de la personne terrestre. Métaphysiquement et esthétiquement aucun philosophe digne de ce nom, ne peut concevoir une abolition volontaire et brusque des formes créées; cette abolition est un outrage à l'archétype, une usurpation sur le domaine des lois générales qui président à l'involution et à l'évolution des apparences matérielles. La vénération des dépouilles mortelles est un hommage à l'esprit auxquelles ces dépouilles servirent d'habitacle, un acte de foi à la résurrection des formes, dont les modifications sont passagères, mais dont l'essence est éternelle. Par rapport aux phénomènes qui se passent dans l'atmosphère seconde, dans le plan astral, la crémation est particulièrement condamnable. La dissociation des molécules fluidiques a certainement une influence désastreuse sur l'entité humaine dont le corps est soumis à l'action corrosive des flammes. Sans parler du supplice effrayant et indubitable qui est infligé au malheureux dont on consume l'en-

veloppe physique, sait-on à quel moment la sensibilité disparaît ? Se retire-t-elle en citoyenne docile
au moment où l'officier de l'état civil rédige l'acte
de décès ? Il est au contraire certain en doctrine que
le dégagement du fluide astral ne s'opère que d'une
façon lente et progressive. Or la permanence plus ou
moins longue, plus ou moins complète de ce fluide
parmi les organes, est intimement liée au maintien
des phénomènes sensitifs. Mais à quoi bon toutes ces
raisons élevées en présence du parti pris par les frères
et amis du four crématoire, par les protagonistes de
l'encharognement civil. Car c'est à eux que l'on doit
cette barbarie. Que l'on ne me parle pas des bûchers
antiques. Là du moins existait un grand cérémonial,
des pompes imposantes, quoique funèbres. En notre
Père Lachaise où nos crapuleux édiles ont installé
leur usine de noir animal, le pauvre macchabée est
empilé dans une cornue ; on le distille comme un
lambeau de chair sortant de l'équarrissage, et, parmi
la détonation du gaz et l'atmosphère empuantie, on
peut apercevoir ses pauvres membres convulsés en
d'abominables torsions comme des branches vertes
projetées au sein d'un brasier. Infamie, ignoble bêtise,
et cochonnerie mêlées !

X

Tout homme ayant dans la tête et dans le cœur un
atome de philosophie morale a certainement lu plus
d'une fois l'*Imitation de Jésus-Christ*. Parmi les

livres sanscrits nous en trouvons un qui peut être
comparé à l'admirable synthèse chrétienne de Jerson.
C'est la *Baghavat-Gita* ou chant divin du *Bienheu-
reux*. Cette hymne est fort étendue. J'en ai recueilli
les strophes les plus saillantes, et qui forment un do-
cument très curieux à consulter au point de vue d'un
parallélisme à établir entre l'ascétisme chrétien et le
mysticisme des Hindous. La traduction dont je vais
citer des extraits est due à un de nos savants les plus
éminents, victime lui aussi de la bêtise officielle qui
n'a songé à lui, ni pour l'École normale, ni pour l'École
des langues orientales qui eussent été honorées d'avoir
à leur tête un pareil chef. Je veux parler d'Émile Burnouf, le troisième membre de cette génération de
savants qui a jeté une si vive lumière sur l'étude des
langues anciennes au XIXe siècle. Je dois à son obli-
geante amitié, la communication de l'admirable poème
indien; qu'il me permette de lui adresser mes publics
remerciements.

EXTRAITS DE LA *Bhagavad-Gita*

. . . .

« Ne désire ni la victoire, ni la royauté, ni les voluptés ! Quel bien nous revient-il de la royauté ? Quel
bien des voluptés ? Où même de la vie ? L'âme, elle,
ne meurt jamais ; elle n'est pas tuée quand on tue le
corps. Elle quitte le corps comme un vêtement usé.
Inaccessible aux coups et aux brûlures, immobile, inébranlable, invisible, ineffable, immuable : voilà ses

attributs. Puisque tu la sais telle, ne la pleure donc pas.

« Les hommes d'intelligence qui se livrent à la méditation et qui ont rejeté le fruit des œuvres sont au séjour du salut. Si ton âme demeure inébranlable et ferme dans la contemplation, alors tu atteindras l'Union spirituelle.

« Si l'homme n'est affecté ni des biens, ni des maux, s'il ne se réjouit, ni ne se fâche, en lui la sagesse est affermie. L'homme qui ne pratique pas l'Union divine n'a pas de science et ne peut méditer. Celui qui ne médite pas est privé de calme, et, privé de calme, d'où lui viendra le bonheur? Celui qui livre son âme aux égarements des sens voit bientôt sa raison emportée.

« Celui qui se tient inerte, l'esprit occupé des objets sensibles et la pensée errante, on l'appelle un faux dévot, mais celui qui, par l'esprit, a dompté les sens et qui se met à l'œuvre pour accomplir une action tout en restant détaché, celui-là on l'estime.

« Lorsque le Souverain du monde créa les Êtres avec le sacrifice, il leur dit : Par lui, multipliez, qu'il soit pour vous la vache d'abondance, nourrissez-en les dieux, car nourris du sacrifice les dieux vous donneront les aliments désirés.

« Toujours détaché, accomplis l'œuvre que tu dois faire, car, en la faisant avec abnégation, l'homme atteint le but suprême s'il suit mes mandements avec foi et sans murmure. S'il murmure et désobéit, il périt privé de raison.

« La passion née des ténèbres est pleine de péché.

Elle est une ennemie dévorante. Elle obscurcit la science et trouble la raison de l'homme.

« Quoique sans commencement et sans fin et chef des êtres vivants, néanmoins maître de ma propre nature, je nais par ma vertu magique. Quand la justice languit, je me fais Créature pour la défense des bons et la ruine des méchants.

« L'offre pieuse est Dieu, le beurre clarifié le feu, l'offrande est Dieu. Celui-là ira vers Dieu qui dans l'œuvre pense à Dieu. Le sacrifice efface les péchés. Ceux qui mangent les restes du sacrifice, aliment d'immortalité, vont à l'éternel Dieu.

« Sur le vaisseau de la science, tu traverseras tout péché. Il n'est pas d'eau lustrale pareille à la science. Celui-là qui s'est perfectionné par l'Union mystique avec le temps trouve la science en lui-même ; l'homme de foi l'acquiert quand il est maître de ses sens. Le doute naît de l'ignorance. Tranche-le avec le glaive de la science.

« L'Union mystique vaut mieux que le renoncement. Celui qui, ayant chassé le désir, accomplit les œuvres en vue de Dieu n'est pas plus souillé par le péché que par l'eau la feuille de lotus. Les Yogis (saints) opèrent l'œuvre sans en désirer le fruit pour leur propre purification. Mais celui qui demeure attentif au fruit des œuvres est enchaîné par la puissance du désir.

« Celui qui a vaincu la nature trouve en lui-même sa félicité. Celui que l'Union mystique unit à Dieu jouit d'une béatitude impérissable. L'Union divine n'est pas pour qui mange trop, ni pour qui ne mange rien, ni pour qui dort longtemps, ni pour qui veille toujours, mais pour qui agit en tout avec mesure. Entre tous ceux qui pratiquent l'Union, le mieux uni est celui qui venant à moi dans son cœur m'adore avec foi. Au-dessus de moi, il n'y a rien. Je suis dans les eaux la saveur, la lumière dans le soleil, le son dans l'air, la force masculine dans les hommes, le parfum pur dans la terre, dans le feu la splendeur, dans les êtres animés l'attrait que la justice autorise, je suis la vie dans tous les êtres.

« Je suis le sacrifice, je suis l'adoration, je suis l'onction, je suis le feu, je suis la victime. Je suis le père de ce monde, je suis la doctrine, je suis la purification, je suis le mot mystique, je suis la vie, le soutien, le témoin, le refuge, l'ami, la halte, le trésor, la semence immortelle. Les saints qui ont bu le breuvage sacré se repaissent au paradis de l'aliment divin.

« Je suis le commencement, le milieu et la fin. Sache que je suis le premier né des pontifes; pour ceux qui parlent, je suis la parole; entre les lettres, je suis l'A; dans les mots composés, je suis la composition. Je suis le temps sans limites, je suis l'éclat des illustres, la victoire, le conseil, la véracité des véridiques. Mes vertus célestes n'ont pas de fin. C'est par la grâce et par la force de mon union mystique que tu as vu ma forme suprême, resplendissante, universelle, infinie, primordiale. C'est par une adoration exclusive que l'on peut me connaître sous cette forme et me voir en un point de ma réalité, et pénétrer en moi. Livre-moi ton esprit. Repose en moi ta raison, et tu habiteras en moi. L'homme sans haine pour aucun des vivants, bon

6

et miséricordieux, sans égoïsme, sans amour-propre, égal au plaisir et à la peine, patient, ferme dans le propos : cet homme m'est cher.

« Sache que, dans tous les êtres matériels, je suis l'Idée de la Nature. J'embrasse le monde tout entier, j'illumine toutes les facultés sensitives sans avoir moi-même aucun sens ; détaché de tout, je suis le soutien de tout ; sans modes, j'aperçois tous les modes. Je suis répandu en tous les êtres sans être partagé entre eux. Je les absorbe et je les émets.

« Comme le soleil illumine tout ce monde, ainsi l'Idée illumine toute la matière. Ceux qui, par l'œil de la science, voient la différence de la matière et de l'Idée et la délivrance des biens de la nature, ceux-là vont en haut.

« La vérité ravit les âmes par la douceur, la passion les ravit dans l'œuvre, l'obscurité, voilant la vérité, les ravit dans la stupeur. La vérité naît de la défaite des instincts et de l'ignorance ; l'instinct de la défaite de l'ignorance et de la vérité, l'ignorance de la défaite de la vérité et de l'instinct.

« Le fruit de la passion est le malheur ; celui de l'obscurité est l'ignorance.

« Les hommes d'une nature infernale ne connaissent pas l'émanation et le retour. Ils disent que le monde est un jeu de hasard ; rapetissant leur intelligence, ils se livrent à des actions violentes, en proie à des désirs insatiables ; l'erreur leur impose des vœux impurs.

« Ils croient que tout finit avec la mort et ne sont attentifs qu'à satisfaire leurs désirs.

« Ils s'efforcent par des voies injustes d'amasser toujours. Pleins d'eux-mêmes, obstinés, remplis d'orgueil et de la folie des richesses, ils offrent des sacrifices ; hypocrites, égoïstes, violents, vaniteux, licencieux, détracteurs d'autrui, ils me détestent dans les autres et dans eux-mêmes. Mais je les jette aux vicissitudes de la mort, et ils entrent dans la voie infernale. L'enfer a trois portes : la volupté, la colère et l'avarice. L'homme qui a su échapper à ces trois portes de ténèbres est sur le chemin du salut et marche dans la voie supérieure.

« Une austérité hypocrite, pratiquée pour l'honneur, le respect et les hommages qu'elle procure, est une ausriosité de passic . Elle est inutile et incertaine. Celle qui, née d'une imagination égarée, n'a d'autre but que la torture de soi-même, est une austérité de ténèbres. Un présent fait avec l'espoir d'une récompense procède du désir. Un don, fait à des indignes, hors de son temps et de sa place, sans déférence, d'une manière offensante, est un don de ténèbres.

« Tout sacrifice, tout présent, toute pénitence, toute action accomplie sans la foi est appelée mauvaise et n'est rien en cette vie, ni en l'autre.

« On ne doit pas renoncer aux œuvres de piété, quand on a ôté le désir, et renoncé au fruit des œuvres ; ma volonté est qu'on les fasse. La renonciation à un acte nécessaire est un égarement d'esprit et naît des ténèbres.

« Voici les cinq principes contenus dans tout acte complet : la puissance directrice, l'agent, l'instrument, les efforts divers et enfin l'intervention divine. Celui-là qui se considère comme l'agent unique de ses actes voit mal et ne comprend pas. Une science qui montre dans tous les êtres vivants l'être unique et inaltérable est une science de vérité.

« Celle qui dans les êtres divers considère la nature individuelle de chacun d'eux, est une science instinctive.

« Celle qui s'attache à un acte particulier comme s'il était tout à lui seul, science sans principe, étroite, peu conforme à la nature du vrai, est une science de ténèbres.

« Un acte nécessaire soustrait à l'instinct, accompli sans désir, sans haine, sans espoir de récompense, est un acte de vérité.

« Un acte accompli avec de grands efforts en vue de soi-même est un acte de passion.

« Un acte follement entrepris sans égard pour les conséquences, le dommage ou l'offense, est un acte de ténèbres.

« L'homme, satisfait de sa fortune, quelle qu'elle soit, parvient à la perfection. C'est en honorant par ses actes celui qui a déployé l'Univers que l'homme atteint à la perfection.

« Il vaut mieux accomplir sa fonction même moins relevée que celle d'autrui même supérieure.

« Ecoute mes dernières paroles où se résument tous les mystères. Pense à moi, suis-moi, offre-moi le sacrifice et l'adoration. Renonce à tout autre culte, que je sois ton unique refuge. Je te délivrerai de tous tes péchés.

« Que tous les êtres soient heureux. »

En vérité, ne dirait-on pas un chapitre de l'*Imitation*?

NOTE V

I

Dieu est la source. L'humanité est le fleuve. Dieu
est l'absolu et nous ne connaissons de lui que ses
relations avec nous. Or ces relations sont de trois
sortes et constituent trois actes différents.

Premier acte. Dieu pense, et c'est sa façon d'en-
gendrer ; sa pensée totale est son fils dont tous les
êtres sont des sous-multiples. Ce premier acte contient
logiquement trois acteurs, le père, la mère, le fils.
Le père est la force active pensante. La mère est la
force passive, la virtualité fécondée par l'acte-pensée.
Le fils est le résultat.

Deuxième acte. Dieu vit en son fils, existe, émane,
involue.

Troisième acte. Dieu ramène en son sein tout ce

6.

qu'il en a projeté ou produit dans la mère ou substance.
C'est ce troisième acte que Jésus-Christ appelle *Spiritus Paraclitus*, le souffle de rappel ($\pi\alpha\rho\alpha\kappa\alpha\lambda\epsilon\omega$) et que
figure fort imparfaitement l'idée vulgaire du Saint-Esprit.

La création tout entière est donc une immense
communion du créateur et de la créature, une
immense communion de tous les êtres entre eux dans
la même vie. Car c'est la même vie principe qui circule en eux quoique dosée différemment. L'Eucharistie est à la fois le mystère symbolique et le sacrement ou instrument sacré de cette communion. Le
pain et le vin sont le sacrement naturel de la nutrition
ou transsubstantiation. Le Hiérarque au nom du Verbe
souffle dans ce pain et dans ce vin nourricier de la
vie physique le fluide spirituel qui est le souffle même
du Verbe, et l'union est faite ainsi dans le sacrement
de la vie supérieure avec la vie infime.

Substance divine. — Pensée divine. — Action divine : telle est la Trinité.

II

Le seul critérium de la vérité n'est pas la tradition
ou le préjugé. C'est ce qui est. Or, les êtres ne nous
apparaissent pas inertes ou isolés, mais reliés entre
eux par un mouvement universel qui les entraîne
tous à évoluer, à monter d'un degré inférieur à un
état supérieur. Ce mouvement prouve un moteur
universel comme lui ; supérieur comme lui, que nous

appelons Dieu. Nous nommons religion ce mouvement et sa loi. La religion à vrai dire est donc de
tous les êtres, *omnis creaturæ*, comme dit Jésus, elle
est ontologique parce qu'elle est la loi même de l'Etre;
elle est de tous les temps et de tous les lieux. Et
même au point de vue de l'histoire simplement
humaine, elle doit garder ce caractère d'universalité
dans le nombre, le temps et l'espace. Dès qu'un
homme existe quelque part et quelque temps, cet
homme est fils de Dieu. La justice comme la logique
exige que le lien religieux existe entre cet homme et
Dieu. C'est la signification du mot catholique, *universel*, et saint Augustin a raison lorsqu'il nous dit que
la vraie religion appelée aujourd'hui chrétienne,
existait dans le monde avant Jésus-Christ quoiqu'elle
ne portât pas alors ce nom, et que depuis le premier
homme elle n'a jamais cessé d'exister et d'être connue
sur la terre. Toujours et partout soit qu'ils l'eussent
héritée des patriarches, soit qu'elle leur eût été renou-
velée par les prophètes, tous les peuples selon la
mesure de leur civilisation, tous les hommes, suivant
le degré de leur intelligence et de leur initiation, ont
connu la vérité morale et surnaturelle par un enseignement hiérarchique ; toujours et partout un culte a
symbolisé le surnaturel, et des sacrements ont aidé
par leur grâce la pratique de cette morale; tradition
primitive, intervention de Messies, par l'un ou l'autre
moyen Dieu a maintenu la communication du ciel à
la terre. Et de toute la tradition et de tous les Messies,
la synthèse parfaite est le christianisme, le supérieur
et incomparable Messie est Jésus. Jésus est un homme

en qui Dieu est d'une façon absolument unique et supérieure. Il est le fils de Dieu incarné, c'est-à-dire diminué, dit Tertullien, à la mesure humaine : *Verbum abbreviatum.*

III

Le ciel atteint par une individualité est exactement adéquat à ses capacités, car le ciel est sa propre création, l'œuvre de ses aspirations et de ses facultés. Le Ciel est essentiellement et nécessairement personnel et subjectif. Quant à la vision béatifique je n'ai pas besoin de dire qu'il faut absolument rejeter la traduction littérale du *Sicuti est facie ad faciem*. Pour voir Dieu tel qu'il est, il faudrait être Dieu nous-même; nous n'en connaîtrons qu'un infinitésimal reflet proportionné précisément à l'envergure de notre adaptation paradisiaque individuelle. Or cette adaptation dépend de deux éléments de notre intelligence et de nos œuvres. L'étendue de la vision sera en rapport direct avec notre puissance cérébrale, la béatitude produite par cette vision, quelle qu'en soit d'ailleurs l'étendue, dépendra de nos mérites.

IV

Les congrégations romaines ne font point partie de l'Église. Le respect qu'on leur doit est d'ordre purement administratif; nullement de l'ordre de la foi ou de la morale. Il est édifiant de lire à ce sujet un livre théologique, absolument orthodoxe : *Les Critères théo-logiques* par le P. Salvatore de Bartolo (Paris, Berche et Tralin, éditeurs). Voici les règles qu'on y trouve :

Les pontifes romains ne furent pas infaillibles dans l'Institution des Tribunaux de la suprême inquisition, tribunaux qui infligeaient des peines violentes aux coupables. Le souverain pontife peut promulguer des lois inopportunes. Il peut se tromper dans le gouvernement de l'Église. Il peut émettre des Sentences injustes contre les particuliers. Les Congrégations romaines, bien qu'investies par le souverain pontife du droit de définir les questions de doctrines révélées, et bien que leurs décrets soient expressément approuvés par le pape, n'émettent point de décrets infaillibles.

V

Je termine ces notes de philosophie ésotérique par deux scholies au sujet des deux dévotions les plus répandues dans le monde catholique : Le Sacré-Cœur et le Rosaire.

Le culte du Sacré-Cœur tourne pratiquement à l'idolâtrie, vu la grossièreté des entendements de la foule et sa tendance à matérialiser l'objet de sa dévotion. Mais théoriquement c'est un culte admirable, c'est le culte de la vie sous la forme de l'Amour, culte véritablement sacré.

Le Rosaire, pratiquement, est une simple machine à prière vocale, qui n'est point la prière vraie, mais mystiquement il représente la couronne cyclique de la vie intégrale, dont toutes les périodes, tous les stades sont reliés ensemble par le lien de l'individualité persistante, et dont chacun doit une prière, un Ave Maria : «Salut, mère très pure», un élan vers notre source, un retour progressif vers notre point de départ divin (1).

(1) Une preuve mathématique que l'orthodoxie admet l'Initiation : L'évangile de saint Jean, la première page ésotérique qui ait jamais été écrite, et qui figure à la messe quotidienne, ne se dit qu'après l'*Ite missa est* qui est le renvoi du profane, la sortie du vulgaire, le congé donné à la foule.

FIN DE LA PREMIÈRE PARTIE

DEUXIÈME PARTIE

NOTES DE PHYSIQUE ÉSOTÉRIQUE

NOTE PREMIÈRE

SUR LA FORCE PSYCHIQUE

I. Définitions. Intérêt capital de l'observation personnelle. —
II. Les conseils d'un prêtre. Le presbytère de Carsac. Une hallucination. Une douleur sympathique. Parasang. Autres phénomènes. Tables tournantes. — III. Deux mois de lévitations.

I

Il y a seulement vingt-cinq ans la faculté de médecine de Paris, toujours en retard sur certaines questions,
se refusait à admettre le magnétisme animal. Aujour-
d'hui, après des expériences décisives, le dit magnétisme a acquis son droit de cité scientifique, sous le
nom d'hypnotisme. Nulle objection à faire à cette
autre dénomination d'une même classe de phénomènes. Le spiritisme a été plus longtemps et plus
cruellement décrié que le magnétisme dont il est le
frère aîné. Depuis que les faits sont devenus indénia-
bles, depuis les travaux de William Crookes et de
Paul Gibier, on consent à admettre l'existence d'une
force psychique. Je ne puis qu'approuver cette dési-
gnation, répondant à des idées plus scientifiques et

plus réelles que le substantif *Spiritisme* qui avait du reste été calqué sur le vocable anglais *Spiritualism*. Il n'y a guère de personne qui n'ait dans son répertoire narratif une série considérable de faits se rapportant au domaine hyperphysique, mais précisément l'abondance de ces relations doit nous rendre très difficiles et nous imposer une méticuleuse circonspection. Quant à moi, en dehors des expériences faites par des savants universellement connus comme Crookes et Gibier, je n'attache d'importance qu'aux récits personnels émanant de gens dont la bonne foi ne peut être mise en soupçon. Car en cette matière, qui prête tant à la supercherie, le premier mouvement de l'auditeur est un juste mouvement de défiance. Je ne relaterai donc en ces pages que les phénomènes qui m'ont été exposés par des parents et des amis ou dont j'ai moi-même été le témoin. Je mettrai complètement de côté les anecdotes commençant ainsi : « On raconte qu'une fois, quelque part, il est arrivé ceci à quelqu'un. » Je nommerai tous mes auteurs et ne me retrancherai en aucun cas derrière l'anonyme.

II

Il y a environ vingt-cinq ans, une brave femme de mon pays, épouse d'un honnête cantonnier, nommé Palmon, me dit que M. le curé lui avait conseillé de ne jamais passer le soir devant un cimetière. Le curé en question m'ayant confirmé l'octroi de cet avis, je lui en demandai la raison : « Mais, monsieur, me

répondit-il, on peut être exposé à voir les âmes des
morts errer dans l'enclos funèbre, spectacle fort
troublant pour l'esprit de nos pauvres villageois. »
Présentée sous cette forme exotérique, la raison du
curé me fit l'effet d'une puérilité. Il était pourtant
dans le vrai. Ce n'est pas l'âme du mort qui peut être
aperçue, sans aucun doute, mais dans plusieurs cas le
corps astral qui se dégage très lentement du corps
matériel, et qui demeure longtemps dans son voisi-
nage, le corps astral, dis-je, est susceptible de tomber
sous le sens de la vue. Joséphin Péladan, qui lui n'a
pas la naïveté d'un curé de village, m'a affirmé avoir
vu au cimetière protestant de Nîmes des formes
astrales flotter vaguement au-dessus des tombes. —
Les conditions où ces fantômes peuvent être aperçus,
ne sont pas déterminées, elles dépendent sans doute
de l'état subjectif du témoin, et de l'état objectif des
ambiances générales. Il n'en est pas moins vrai que le
conseil du bon curé était loin d'être un enfantillage.
Dans tout notre vieux Périgord, aucune histoire
mystérieuse n'est plus répandue que celle du presbytère de Carsac près Sarlat, qui a dû être démoli par les
ordres de l'administration préfectorale, eu égard aux
phénomènes qui le rendaient absolument inhabi-
table. Je tiens le récit suivant de M. l'abbé Leymarie,
curé doyen de Saint-Pardoux-la-Rivière (Dordogne)
qui avait connu de pauvres prêtres, témoins occulaires
et auriculaires des événements étranges que le presbytère en question avait eus pour théâtre. Dès la
tombée de la nuit tous les objets mobiliers de la
maison entraient en une sarabande effrénée : chaises,

tables, fauteuils, armoires étaient soumis à une lévitation bruyante qui durait la plupart du temps
jusqu'au lever du jour ; des descentes de police et de
gendarmerie avaient eu lieu maintes fois, on espérait
découvrir quelque mystificateur. Les recherches furent
vaines. Les autorités durent finir par donner leur
langue au chat, et la conclusion définitive fut la des-
truction de l'immeuble hanté. Quelques jours avant
l'exécution de cette mesure, deux prêtres d'une forte
trempe physique et morale, résolurent de passer la
nuit dans l'une des pièces de la maison.

Ils s'armèrent de telle façon qu'un mauvais plaisant
eût payé fort cher le plaisir qu'il eût pu avoir à per-
pétrer des supercheries. A peine les deux ecclésiastiques furent-ils couchés que toute la maison entra
en branle. Tout à coup un fracas épouvantable re-
tentit. La porte d'entrée, arrachée de ses gonds, avait
été précipitée sur le carreau du vestibule. Les observateurs se lèvent en hâte, et l'un d'eux, sa lumière à
la main, entrouvre la porte de la chambre à coucher.
Aussitôt un souffle violent, imitant celui d'une personne vivante, éteint la bougie, et un formidable
éclat de rire, en trilles saccadés et déchirants, éclate
au même instant et se prolonge plusieurs secondes au
milieu des ténèbres. Le vénérable curé Leymarie
était littéralement effrayant quand il imitait ce ricanement sardonique dont il n'avait lui-même entendu
que la reproduction. Les deux prêtres déchargèrent
héroïquement leurs revolvers, mais en vain. Voulant
goûter quelque repos après une soirée aussi mou-
vementée, ils durent quitter le presbytère et gagner

une auberge voisine. Le même curé doyen me dit un jour : « Si jamais vous entendez des bruits insolites, et que vous puissiez vous rendre compte du lieu précis d'où ils émanent, enfoncez vivement un clou, frappez avec une épée, tirez un coup de fusil. » J'ai mis cet avis à profit dans une expérience que je relaterai un peu plus tard.

Une de mes tantes, d'une piété profonde et d'une véracité absolue, m'a souvent affirmé qu'au moment de la mort d'un frère qui se trouvait à cent lieues d'elle, elle fut réveillée en sursaut et s'écria : C'est mon pauvre frère qui meurt ! A quelque temps de là, se baignant dans l'étang de la Fonbourna vers la nuit tombante, elle aperçut distinctement la forme astrale de son frère défunt, passant à cheval sur un petit pont qui séparait la pièce d'eau des prairies inférieures.

Mon ami, M. Etienne Manita Kys, un des membres les plus distingués de la colonie hellénique de Paris, fut l'année dernière le sujet d'un bien curieux phénomène. C'était un dimanche matin. Il rêvait de la retraite des Dix Mille et des récits de Xénophon. Son sommeil était particulièrement hanté par le mot παρα-σαγγ, « parasang », qui désigne en grec une mesure de longueur analogue à notre kilomètre. Tout à coup mon ami, grand amateur de courses de chevaux, se réveille brusquement avec cette exclamation : Qui me dit de prendre Parasang ? Le soir même, à l'un des engagements de la journée, le cheval gagnant était un nommé Parasang, fils de Xénophon. Malheureusement pour lui, mon ami, un peu sceptique, n'avait pas ajouté foi à

l'avertissement nocturne. — Je me rappelle une con
fidence aussi curieuse que funèbre, qui me fut faite il
a vingt ans par une domestique au service de m«
famille qui mourut quelques mois après la singulièr
vision qu'elle me raconta. Elle était encore très jeun
et promise, suivant toute apparence, à une longue
vie.

— Monsieur, me dit-elle un jour, je crois bien que
je vais mourir.

— Vous plaisantez, lui répondis-je, vous n'avez
point trente ans et ne paraissez pas malade.

— Oh! ça, monsieur, personne ne m'ôtera de la tête
que je vais mourir.

— Avant de vous ôter cette idée bizarre de la tête,
il faudrait savoir comment elle y est entrée.

— Monsieur, hier au soir, j'ai vu mon cercueil.

— Le menuisier s'y prend bien d'avance.

— Je parle pour tout de bon, monsieur, je l'ai vu.

— Où ça et comment ?

— Je montais le petit escalier qui mène de la cuisine
à l'antichambre vers la tombée de la nuit. J'étais
seule, et j'ai pourtant entendu qu'on marchait derrière
moi. Je me suis retournée, j'ai vu un cercueil qui me
suivait, il m'a accompagné jusqu'à ma chambre.
Dès que j'ai eu allumé ma chandelle, tout a disparu.

— Comment concluez-vous que ce cercueil soit le
vôtre ?

— Eh, monsieur, puisqu'il me suivait.

La pauvre femme raisonnait bien ; l'événement
confirma bientôt sa prévision sinistre.

Un de mes amis, fort distingué et fort éminent,

occupant une place importante au barreau de Paris, m'a relaté l'anecdote suivante :

Aux heures pénibles de sa jeunesse, il était perdu par un triste soir d'hiver au milieu de ses réflexions, quand il aperçut tout à coup son porte-plume qui se mettait en mouvement et décrivait un cercle complet sur sa table de travail. Il fut d'abord un peu effrayé, mais comme il n'était point matérialiste et croyait aux interventions supérieures, il se borna à cette réflexion : C'est signe que mon travail, représenté par ma plume, me tirera d'affaire. Et son pronostic fut amplement et péremptoirement justifié.

Je tiens les deux faits suivants de mon ami, Prosper Prieur, jeune économiste de grand talent et destiné à un brillant avenir.

J'indique la nature de ses occupations pour bien montrer qu'il est éloigné autant que possible de toutes les rêvasseries mystiques et de toutes les crédulités superstitieuses.

Premier fait. — Il existe, dans une forêt du Poitou, un puits d'une grande profondeur environné de légendes terribles. Les paysans n'osent s'aventurer à l'entour, prétendant qu'à la faveur des ténèbres, des esprits malins s'y donnent rendez-vous. Ces sortes de sabbats sont, paraît-il, décelés par des cris lugubres qui s'élèvent du gouffre et retentissent au loin parmi les bois. Toujours est-il qu'une bande de sceptiques prit un soir la résolution de débiner le truc du puits de Pamproux, car dans les cervelles des libres penseurs en question, un truc seul était capable de produire les phénomènes que l'on rapportait. Les hardis

pionniers s'enfoncèrent après le coucher du soleil a
milieu des futaies redoutables, non sans s'être fai
accompagner d'un chien de forte taille, fin chasseu
et bon limier. Quand le corps expéditionnaire se
jugea à quelques centaines de pas de l'abîme, ses
membres héroïques s'arrêtèrent, et lancèrent en avant-
garde leur auxiliaire à quatre pattes. L'animal partit
au galop et fit bien une cinquantaine de pas. Puis
brusquement il s'arrêta, dressant l'oreille, tremblant
sur ses pattes, se refusant à avancer plus loin. Tout
d'un coup, il tourna tête sur queue, et s'enfuit en une
vitesse vertigineuse entraînant dans sa retraite les
esprits forts épouvantés. Il est certain que la bête
sagace avait dû flairer aux environs de l'excavation
quelque objet insolite que nos courageux gaillards ne
cherchèrent point à examiner de plus près.

Deuxième fait. — Il se trouvait à Périgueux, il y
a quelques années, un prêtre d'ailleurs douteux, que
les gens du peuple accusaient de sorcellerie. Ce prêtre
assistait à une soirée où quelques loustics le pressèrent
de se livrer à ses talents de thaumaturge. Il s'y refusa
longtemps, branlant la tête et haussant les épaules. A la
fin un assistant, particulièrement gouailleur et parpail-
lot, le poussa dans ses derniers retranchements avec
tant d'ironie et de sarcasmes que le prêtre sorcier lui dit
tout à coup : Eh bien ! vous, homme terrible, voulez-
vous que je vous fasse dresser les cheveux sur la tête ?

— Volontiers, Monsieur le curé.

— Pensez à un spectable aussi effrayant que vous
voudrez. Je vous en évoquerai sur le champ le fantôme sensible.

— Tiens, dit le narquois triomphant, j'ai été témoin ce matin même d'un accident épouvantable ; montrez-moi le fantôme de cet événement ?

Et ce disant, l'expérimentateur comme il l'a raconté depuis, songeait à la chute qu'il avait contemplée quelques heures auparavant, d'un infortuné maçon qui, tombant d'un troisième étage, était venu se broyer sur le pavé de la rue.

— Vous le voulez ? interrogea le prêtre.

— Je l'exige, monsieur le curé, riposta l'incrédule.

— A votre aise, je vais baisser les lampes et vous regarderez ce qui se passe dans l'angle droit du salon.

Les lampes sont aussitôt baissées. Le sceptique marche en ricanant vers l'endroit désigné. Soudain il s'arrête, il ne ricane plus, mais il se détourne violemment avec cette exclamation : Ah Dieu ! quelle horreur ! Vous êtes donc le diable !

Il avait distinctement aperçu flottant dans une sorte de lumière diffuse l'image de l'homme écrasé et tout dégouttant de sang.

Au-dessous du château de la Sudrie, où je suis né, et où se sont passées des scènes bien extraordinaires que je vais décrire tout à l'heure, se trouve une petite vallée charmante possédant en son milieu un étang appelé la Fonbourna, plein de charme et de poésie, que j'ai souvent chanté au cours de mes œuvres littéraires. Les bords de cette pièce d'eau furent en 1870 les témoins d'une hallucination bien étrange et je dirai même fort tragique puisque l'halluciné ne tarda point à mourir de saisissement et d'effroi. C'était un jeune homme qui côtoyait l'étang par un temps de neige à une heure avancée de la nuit. Il eut à un moment la sensation très vive d'une grande dame en blanc qu étendait vers lui ses bras. Tout comme le petit chaperon rouge, notre jouvenceau prit ses jambes à son cou et se sauva à travers les taillis du coteau sans oser bien entendu regarder en arrière. Il courut ainsi à perdre haleine jusqu'à la cime des bois, et seulement alors tourna la tête. Sa fuite avait été vaine; l'apparition fantastique était auprès de lui. Il tomba évanoui sur le sol glacé, et ce fut le lendemain matin, lorsque revenu à lui-même, il fut interrogé par la personne qui l'avait recueilli, ce fut le lendemain matin qu'il raconta en termes précis et affirmatifs, empreints d'une terreur profonde, la poursuite spectrale dont il avait été l'objet. Le pauvre garçon fit une maladie de quelques semaines au cours de laquelle il persista énergiquement dans ses déclarations, et mourut d'une affection nerveuse sans jamais démentir son récit. Il est bien certain que si l'apparition eut été une femme en chair et en os, le gars périgourdin ne se fût pas laissé effrayer. Il est au contraire probable qu'il eût été envahi d'idées galantes. L'événement fit un certain bruit dans le pays, il servit de thème à ma première œuvre en prose : *La Fonbourna* où j'essaie d'expliquer par des causes naturelles une aventure tout à fait inexplicable, si elle n'a pas été un simple phénomène subjectif. Du reste, je démontrerai plus tard que l'hallucination n'est point à proprement parler un phénomène subjectif. C'est un transport brusque de l'âme à l'état de veille dans le plan astral.

Voici un dernier fait non personnel, plus intéressant encore que les précédents en ce sens que sa cause me paraît d'un ordre supérieur aux simples phéno- mènes de l'atmosphère seconde. Il remonte, comme la plupart des faits cités en cet ouvrage, à une ving- taine d'années. Mon père possédait alors un métayer modèle, chose rare hélas! en tout temps, et presque introuvable aujourd'hui.

Ce colon, pour me servir de la langue usitée dans les Comices agricoles, s'appelle Jean Bordas et est désigné parmi le populaire sous le sobriquet de Jar- dinier. Jardinier, outre son habileté en culture et en commerce de bétail, jouit d'une réputation fort justi- fiée d'honnêteté. C'est un homme religieux, croyant et pratiquant, et que j'ai maintes fois surpris à la pre- mière aurore agenouillé dans un sillon et récitant son oraison matinale. Jardinier avait été marié à une brave femme un peu tyrannique et impérieuse, qui n'étant que simple fiancée, sur un soupçon d'infidé- lité, avait coupé le doigt de son futur d'un coup de faucille, visant la carotide. En dépit de cette humeur tranchante, les Jardinier avaient fait bon ménage et vécu en fort honorable intelligence. Mme Jardinier a précédé depuis longtemps son époux dans les ténèbres du Schéol.

Pendant sa dernière maladie, elle ne cessait de se recommander aux prières de Jean pour l'époque où elle n'existerait plus. Jean promettait de très bonne foi, ce qui n'empêchait pas sa femme d'insister d'une façon très pressante, crainte de négligence ou d'oubli. Elle alla jusqu'à dire : « Tu sais, si tu ne te souviens

plus de moi devant le bon Dieu lorsque je serai sous
la terre, je viendrai rafraîchir ta mémoire et tu auras
de mes nouvelles par moi-même. » Jardinier, s'il eût
eu de la rancune, eut dû se méfier des menaces pro-
férées par la terrible femme, qui maniait la faucille
d'une façon si dangereuse et si péremptoire. Il promit
et jura qu'il se souviendrait. Après la mort de sa com-
pagne, et le service funèbre une fois célébré, l'homme
avoue avoir rempli ses serments d'une manière insuf-
fisante. La fatigue et les travaux journaliers absorbant
ses préoccupations, il en vint à oublier promptement
les oraisons promises pour le repos de l'âme envolée.
Or une belle nuit, il fut réveillé par un fracas épouvantable. On eût dit, rapporte-t-il, une lourde contre-
danse sur le couvercle du coffre à farine. Notre colon
se lève, inspecte avec soin la pièce où il se trouve, avec
le meuble d'où semblait partir le tapage : toutes les
recherches sont vaines. Les nuits suivantes le tumulte
recommence de plus en plus violent, Jean croit à
l'invasion de gros rats, mais il se convainc facilement
de l'inexactitude de son hypothèse. « Tout à coup,
a-t-il raconté depuis en sa foi naïve, je me souvins des
prières que j'avais promises à notre pauvre femme, et
que je ne faisais plus depuis bien longtemps. Je
m'imaginai que suivant ce qu'elle m'avait annoncé
aux derniers jours de sa vie, elle revenait pour me
rappeler à l'exécution de mes engagements. Une
nuit, au moment où le bruit se faisait entendre de la
façon la plus intense, je me levai résolument et m'ap-
prochai du coffre à farine en disant : « Est-ce toi, ma
« pauvre Marion ? » Pas de réponse. Je répétai en élevant

la voix : « Est-ce toi, ma pauvre Marion? » Alors, monsieur, j'entendis sortir du meuble un soupir suivi d'un gémissement. Puis tout rentra dans le silence. Vous pensez s'il me fut aisé de fermer l'œil. Le lendemain matin, d'aussi bonne heure qu'il me fut possible, j'allai trouver M. le curé de Manzac et lui remis une somme d'argent pour qu'il dît des messes. Depuis ce temps-là, tout bruit a disparu. Notre pauvre Marion est contente. » Je regrette de ne pas rapporter en patois la narration de Jardinier. La traduction française enlève au récit toute sa naïveté primesautière, et tout son caractère pittoresque. Quelles que soient les interprétations possibles, le fait demeure établi ayant été affirmé par le plus loyal des hommes.

J'en viens maintenant au récit des faits qui me sont personnels. Je ne cite que pour mémoire une longue série d'expériences de tables tournantes, et d'écriture directe, tentées avec un succès notable de concert avec un de mes amis les plus distingués, professeur de mathématiques agrégé des sciences mathématiques, M. Maurice Fouché. Les phénomènes de ce genre, pour être concluants, exigent naturellement la parfaite bonne foi des deux opérateurs. Cette bonne foi, M. Fouché et moi, pouvons hardiment en témoigner, mais nous n'avons pas le pouvoir d'en inspirer l'admission aux incrédules.

Il y a vingt ans, me trouvant au célèbre collège de la rue des Postes, tenu par les R. P. Jésuites, en qualité d'élève de mathématiques spéciales, première année (je donne ce détail pour bien établir que je me trouvais vivre en un ordre d'idées bien positif, bien

prosaïque, et assurément dépourvu de tout mysticisme), je rêvai vers les dernières heures d'une nuit
d'été qu'une personne bien chère se débattait violemment entre mes bras, en proie à un délire nerveux, et
que j'employais tous mes efforts à la maintenir. Deux
ans plus tard, je me trouvai réellement en une situation identique et me rappelai, avec un certain frémissement, l'hallucination antérieure qui m'avait profondément impressionné. Une de mes proches parentes,
morte il y a environ dix-sept ans, m'avait légué une
tabatière en or, avec la clause un peu singulière que
je ne devrais être mis en possession qu'à l'âge évangélique de trente-trois ans. Je ne tins pas compte de
cette réserve et m'emparai de l'objet précieux peu
après le décès de la vénérable donatrice. Pendant de
très longues années et à peu près tous les mois, j'eus
de terribles cauchemars où je l'apercevais en tenue
fantômatique, me menaçant avec de grands gestes et
me foudroyant de ses regards irrités. J'ai été vraiment
hanté et persécuté par cette opiniâtre vision.

III

J'en viens au groupe de faits les plus importants et
qui, tant par la durée que par la nature des phénomènes, offrent certainement aux personnes curieuses
des manifestations hyperphysiques le plus haut et le
plus puissant intérêt. Les scènes se sont passées dans
ma maison natale, au château de la Sudrie (Dordogne) et ont eu pour témoins quatorze personnes ap-

partenant tant à ma famille qu'à la domesticité du château. — Le 31 août 1869, vers deux heures du matin, après une soirée où nous nous étions longuement entretenus des manifestations spirites, dans une disposition plutôt sceptique que crédule, je fus brusquement réveillé par une série de coups secs et violents, frappés sur mon bois de lit en arrière du traversin. — J'allumai aussitôt ma bougie, croyant à une hallucination engendrée par les conversations de la veille. Mais il se trouva que je ne rêvais en aucune façon ; les coups se répétant avec une rapidité et une intensité croissantes, et, après m'être assuré qu'il n'y avait dans la chambre aucun être animé, j'allai prévenir une de mes sœurs occupant une pièce séparée de la mienne par un corridor. Ma sœur s'empressa d'accourir et constata que je n'avais pas la berlue, que mon bois de lit continuait à résonner comme sous le choc d'un instrument contondant. A un instant, un morceau de bois, formant l'extrémité d'une vieille allonge vermoulue et qui gisait depuis longtemps dans un angle de la chambre, vint tomber à nos pieds après avoir frappé le plafond. Dès lors les coups cessèrent, mais à chaque minute le bout d'allonge bondissait et allait cogner la porte, le parquet, les murailles. — Quand il arrivait au sol, il ne rebondissait jamais, on eût dit qu'une main vigoureuse l'appliquait et le maintenait sur le plancher. — Ma sœur, naturellement fort effrayée, eut recours aux prières et à l'eau bénite, le morceau de bois continua ses évolutions. Tout à coup une petite sonnette hors de service et privée de son battant, rendit une série de tintements multipliés ainsi qu'un carillon électrique, et s'abattit presque aussitôt sur le parquet.

Il était cinq heures du matin quand nous nous décidâmes à descendre et à donner communication aux membres de notre famille des événements de la nuit. — Ma mère et mes sœurs furent très impressionnées de notre récit ; mon père nous traita de farceurs et de visionnaires, la sœur de ma mère, la plus mystique de la famille, affirma que nous radotions, et qu'elle n'irait même pas au lieu de production des phénomènes. Nous crûmes qu'elle avait peur d'avoir peur. Le soir même, après la nuit close (tout était resté calme pendant la journée), nous montâmes en nombre vers les appartements hantés ; mon père en tête. Il était toujours incrédule et se flattait de découvrir une supercherie soit de ma part, soit de la part d'un des domestiques. Nous nous installâmes tous dans ma chambre à coucher, et au bout de quelques moments les phénomènes de lévitation apparurent. Divers objets se mirent en mouvement, la vieille sonnette informe tinta ; le fameux bout de rallonge bondit au plafond et frappa les corniches. Mon père s'en saisit, l'enveloppa dans un journal et l'enferma sous clef en un vieux bahut qui contenait mes vêtements. Dix minutes ne s'étaient pas écoulées qu'un bruit de papier froissé se fit entendre, presque en même temps les quatre coins du plafond retentirent sous une percussion quadruple, et le prisonnier rompant ses chaînes, comme saint Pierre ses liens, tomba au milieu de la pièce. Mon père un peu stupéfait avoua n'y rien comprendre.

Il persista du reste à affirmer que tout cela n'était qu'une fantasmagorie, et alla se coucher en nous conseillant d'en faire autant. Mais nous nous gardâmes bien d'obtempérer à cette invitation, et restâmes jusqu'à minuit passé dans ma chambre, assistant aux exploits de la sonnette qui vint frapper ma sœur aînée en plein coude, et aux évolutions incessantes du terrible fragment d'allonge qu'on eût dit manœuvré par une main furibonde. Quand l'assistance se fut retirée et que je fus resté seul avec celle de mes sœurs qui était ma voisine, nous perçûmes très distinctement et pendant longtemps à nos portes respectives une sonorité peu agréable, comparable à un grattement violent qu'eût exercé la griffe d'un chien vigoureux. Ce grattement effrayait beaucoup ma sœur qui n'est point encore exempte de terreurs lorsqu'elle en parle. Dès le lendemain la renommée aux cent bouches répandait parmi la contrée l'histoire des revenants de la Sudrie. Le curé de la paroisse émit l'idée que je devais être l'auteur des phénomènes grâce à mes instruments de physique et à mon laboratoire de chimie. Or je possédais en fait d'appareils de physique un gâteau de résine (électrophore), une peau de chat et une bouteille de Leyde; mon laboratoire se composait d'une centaine de flacons, tous objets bien incapables de produire aucun des faits étranges auxquels nous avions assisté. Le clergé du pays accepta pourtant cette explication exotérique, qui peu à peu se répandit dans le public. Mais les quatorze personnes qui ont été les témoins des coups et des lévitations ne pouvaient se rendre à cette inter-

prétation peu intelligente et peu digne d'un espr
sérieux. Quant à mon père, au fond convaincu, il pri
qu'on ne lui parlât plus de ces manifestations incoh
rentes, incompréhensibles et absurdes. Les dite
manifestations se poursuivirent pendant tout le cou
rant du mois de septembre en s'agrémentant de cer
taines variations. Peu à peu, elles en vinrent à se pro
duire en plein jour, ce qui rendait l'observation plu
facile et le contrôle plus sincère aux yeux des incré
dules qui persistaient à soupçonner la supercherie.

A deux heures de l'après midi, par un soleil splendide nous vînmes, mes sœurs et moi, deux billes à
jouer décrire au plafond des cercles concentriques et
s'abattre à terre sans tressauter ni rebondir. Quelques
instants après, le même jour, c'était un petit flacon
vide, ayant jadis contenu du carmin et partant à mes
yeux du haut de mon bahut pour tomber à mes pieds
sans se briser, ni même s'endommager. Un soir, les
lévitations prirent une forme des plus curieuses. Une
pluie de grains de plomb de toutes les grosseurs cribla
le plancher et les personnes en observation. Ce fait
bizarre se reproduisit un nombre de fois incalculable,
un jour même cette grêle d'un nouveau genre nous
poursuivit tout le long de la maison jusqu'aux appartements de la tante incrédule qui se refusa opiniâ-
trement à sortir pour venir constater. Ce fut la seule
fois que les phénomènes se produisirent en dehors du
petit coin privilégié où ils avaient pris naissance, mais
en ce lieu chéri des Esprits, ou plutôt des élémentals,
comme nous l'expliquerons plus loin, le plomb continua à pleuvoir en assez notable abondance pour con-

t

a
-
s
-

stituer à la fin du mois un poids de quatre livres. Au cours de toutes mes séries d'observations, j'épouvantais ma famille déjà peu rassurée, en implorant de la force occulte qui nous persécutait un acte plus frappant que les coups, plus saisissant que les grattements. J'invoquai fréquemment une apparition. Il n'en vint jamais. Le dernier fait à enregistrer en l'année 69, fut le 30 septembre la descente bruyante du haut en bas de l'escalier du bâton de cire à frotter qui se trouvait au .. nmet de la rampe. Après cette promenade insolite d'un objet habituellement fort sédentaire, tout s'apaisa et entra dans l'ancienne immobilité.

Les lévitations avaient duré un mois jour pour jour. Je demeurai encore une quinzaine de jours à la maison, mais aucun tumulte ne troubla plus l'appartement magnétisé. Pendant le mois de septembre 1869, sans être malades, nous éprouvions tous une sorte d'indisposition cérébrale et nerveuse facile à expliquer. On se sentait enveloppé d'une sorte d'ambiance invisible et impalpable qui produisait un malaise réel, une perpétuelle inquiétude. On plaisantait bien un peu sur le caractère peu tragique des manifestations, mais les quolibets et les railleries cessaient à l'entrée de la nuit. Nous étions tous furieux des bruits absurdes que faisaient courir les membres du clergé, s'entêtant à expliquer tout par ma science en physique et mon habileté en prestidigitation. Il est sûr que l'agent occulte générateur de ces faits singuliers semblait s'attacher à ma personne, mais je défie le premier Bosco du monde, le plus étonnant Robert Houdin additionné si l'on veut même des frères Davenport de pousser l'habileté jusqu'à halluciner les sens de quatorze personnes. Un médium, c'est autre chose, et précisément la force médiumnitique devait être en jeu à mes entours, pourtant je n'ai jamais été médium ni volontairement, ni passivement. L'année entière se passa fort calme au château de la Sudrie. Les esprits avaient disparu. Le plomb ne quittait plus les carniers, la sonnette se rouillait en silence, et le bout de rallonge lui-même avait endormi son ardeur baladine. Ce qui fortifia l'opinion de mes ennemis : « Vous voyez, disaient-ils, il n'est plus là ; rien ne bouge. » Les personnes mal intentionnées se gardaient bien de faire observer que les lévitations n'avaient commencé qu'un mois après mon arrivée en vacances et s'étaient assoupies quinze jours avant mon nouveau départ pour le collège. Chose étrange, je fus accusé de mystification par les plus ardents sectateurs du miracle, par ceux qui voient à tout bout de champ une intervention directe et spéciale de la puissance divine. Pauvres incohérents et inconséquents! Ils ferment leurs yeux et tous leurs sens à l'action perpétuelle des forces élémentales, et ils rabaissent la majesté divine au point de la signaler à tout propos et hors de propos, quand un fait anormal se produit sous l'influence des dynamismes psychiques. Pour ces personnes peu instruites et peu studieuses, qui s'en tiennent à de vieilles formules et à de vieux catéchismes de persévérance, il n'y a que deux choses : Dieu et le Diable (*l'autre*, comme on disait au moyen âge). Évidemment et avec raison, elles se refusaient de proclamer l'existence du doigt de Dieu dans des percussions et des lévitations inexplicables. Nommer le Diable était bien grave et nécessitait tout un appareil d'exorcismes. Donc, j'étais un physicien incomparable, un prestidigitateur comme il n'en avait jamais existé. Nous étudierons un peu plus tard la question du Diable et nous verrons ce qu'il faut penser de ce mot et de cette expression. D'ores et déjà nous pouvons affirmer que si l'on entend par Diable, le chef hiérarchique des légions de ténèbres, ce personnage évolue dans un monde métaphysique et n'a point de rapport avec notre atmosphère seconde. On a au contraire pleinement raison si l'on prend le mot *Diable* dans son sens étymologique et grammatical. Nous donnerons plus bas les explications relatives à ce sens qui est le seul philosophique, scientifique et rationnel.

En 1870, c'est-à-dire l'année suivante, les phénomènes de lévitations se produisirent au château de la Sudrie avec un caractère plus étrange et plus extraordinaire. La hantise (je prends ce substantif sans adopter encore telle ou telle hypothèse et pour la commodité de la conversation) la hantise attendit mon retour du collège pour se manifester, ce qui fournit encore un misérable argument aux imbéciles qui croyaient ou paraissaient croire à ma prestidigitation. J'étais rentré le 20 juillet au domicile paternel, ce fut le 10 août que les premiers faits se révélèrent. Je montais en plein jour avec mes plus jeunes sœurs l'escalier conduisant aux chambres magnétisées, ce même escalier qui, l'année précédente avait été le théâtre de la descente automatique exécutée par le bâton de cire. Comme nous arrivions environ aux deux tiers de notre ascension, nous fûmes accueillis par une petite pierre qui semblait venir du plafond et qui tomba devant nous sans nous atteindre.

— Tiens, dit l'une de mes sœurs; serait-ce le *chahut* qui reviendrait sous une forme nouvelle?

— Ce serait un peu fort! observa l'autre.

C'était bien lui. — Une deuxième pierre, toujours de faible dimension, ne tarda pas à s'abattre, et à mesure que nous avancions, de nouveaux projectiles du même genre, tombèrent, toujours en avant de nos personnes.

— Pourvu, remarquai-je, qu'il n'en tombe point de plus grosses!

C'est égal, le plomb était moins inquiétant!

Nous descendîmes ensemble au bout de quelques moments et communiquâmes la réapparition des esprits frappeurs aux autres membres de notre famille. Tout le monde était irrité, songeant aux racontars qui allaient se renouveler sur mes talents de physicien et de successeur de Bosco. On convint qu'il fallait me mettre sous une surveillance incessante, qu'on ne me quitterait pas des yeux et qu'on me tiendrait les mains. Nous remontâmes en monôme. On m'observa rigoureusement, et deux mains scrupuleuses s'approchaient des miennes afin d'empêcher toute possibilité de supercherie. Ce fut cette fois une pluie lapidaire qui nous reçut; les pierres étaient toujours fort petites et ne firent aucun mal à âme qui vive. Dès lors pour toutes les personnes sincères, l'hypothèse d'une intervention volontaire de ma part fut définitivement écartée. Depuis ce jour-là et pendant trois semaines consécu-

tives les lévitations avec apport d'objets extérieurs se
succédèrent jour et nuit à peu près sans interruption.
Le fameux bout de rallonge ne fut point repris de son
ancienne fureur chorégraphique, il se fit suppléer par
un gros flacon de verre blanc qui avait jadis contenu
des sangsues et qui se mit à tomber plusieurs fois par
jour et par nuit sans jamais se briser. On eut dit qu'une
main ferme et résolue le déposait bruyamment en un
endroit déterminé. Pas de sursaut, ni de rebondisse-
ment. Cette particularité avait déjà été notée l'année
précédente au sujet de divers corps mis en mouvement.
— Peu à peu la dimension des pierres augmenta;
elles en vinrent à inspirer des craintes véritables, on
eût pu être gravement blessé si l'on se fût trouvé sur
la mystérieuse trajectoire de ces singuliers projectiles.

Les appartements étaient bien plafonnés, sans fentes
ni lézardes ; impossible de supposer que des débris
quelconques chutassent par suite de vétusté ou de désagrégation. Le curé de la paroisse en tenait toujours
pour son opinion hostile à ma personne.

Un brave pasteur voisin consentit à venir un jour
et assista à plusieurs chutes de cailloux, briques et
ferrailles. — Il conclut par ces mots qu'il répète souvent en son jargon auvergnat : « Chest un peu chingu-
lier cha, mochieu. » Mais il n'osa point blâmer ou-
vertement la théorie de son confrère. — Il me dit
lui-même très franchement : « Vous comprenez bien,
mochieu, les loups ne che mangent pas jentre eux ! »
Un matin, vers dix heures, par conséquent en plein
jour et loin de toutes fallacieuses ténèbres, toute la
maison est étourdie comme par le fracas d'un mur

qui s'écroule. On se précipite : Une véritable avalanche de cailloux jonchait le parquet du corridor séparant les deux chambres hantées. Ils n'étaient point accumulés pêle-mêle. Ils dessinaient très-nettement la forme d'un C. Ils étaient au nombre de cent sept. Une de mes sœurs s'empara de cette mitraille et la transporta je ne sais où sans en parler à personne. Le lendemain les pierres étaient revenues, cette fois sans fracas. On se borna dès lors à les empiler dans un grenier voisin avec les différents objets tombés. Ce grenier avait un nom parmi nous. Il s'appelait le grenier des rats. Il servait de remise à une foule de vieilleries et de débris sans usage. Entre autres choses, il s'y trouvait un tonneau ayant une capacité d'un huitième d'hectolitre et qui avait jadis contenu des olives. — Un soir que l'on veillait dans ma chambre, en attendant de nouvelles manifestations, le tonneau s'amena tout à coup au milieu de nous, avec un grand tapage, les fenêtres et les portes étant fermées. A quelque temps de là, vers deux heures de l'après-midi un bruit formidable retentissait dans l'escalier. C'était une grosse pierre d'un poids d'environ cinquante livres qui dégringolait en fracturant deux ou trois marches qui depuis n'ont point été réparées. Cela devenait un peu violent. Le nouvel obus eût infailliblement brisé la tête du plus robuste gaillard, il eût cassé un bras, enfoncé une poitrine. Je me souvins alors du conseil donné par le curé de Manzac : « Lorsque vous entendez des bruits insolites et inexplicables, frappez hardiment à coups de sabre, à coups de marteau, à coups de revolver ! »

Fort bien, me dis-je, l'avis peut être bon. Il n'offre pas en tout cas de grandes difficultés à l'exécution. je pensai dès lors à fusiller l'ex-flacon à sangsues qui était agité d'une véritable danse de saint-guy. Sans prévenir qui que ce fût de ma résolution, je chargeai avec du gros plomb un petit fusil calibre 28, que m'avait donné mon père. Je montai dans ma chambre et me dis à moi-même : Gare à qui bouge ! Au-dessous de la fenêtre unique de cette pièce, se trouvait la toiture d'un corps de logis surbaissé qui flanquait la droite de notre bâtisse principale. Je ne tarde point à entendre les toiles ébranlées par la dégringolade d'un corps dur. Je regarde fiévreusement. C'était le flacon. Instantanément j'épaule mon arme, je vise et fais feu. Quand la fumée est un peu dissipée, je descends sur la toiture inférieure à la recherche de mon gibier magnétique. Le flacon était intact, il avait essuyé en restant indemne une charge capable d'éventrer un loup. N'étant qu'un tireur fort médiocre, je soupçonne ma maladresse et me dis : je l'ai manqué. Je m'empare de l'objet. Quelle n'est pas ma stupéfaction quand sous la lumière d'un éclatant soleil de septembre, j'aperçois mon flacon dégouttant d'un liquide rouge, ayant la viscosité, l'odeur fade et toutes les apparences physiques du sang. Je n'avais pas été si maladroit. La journée s'acheva sans nouveau phénomène et depuis cet incident singulier, moi présent, aucun fait étrange ne s'est produit. Je communiquai à ma famille le résultat de ma fusillade. La chose parut tellement étrange qu'on n'y ajouta guère foi. Presque tous pensèrent que j'avais organisé la

petite mise en scène. On prétendit que ce jour-là
même un pigeon mutilé avait été découvert au pou-
lailler, qu'il était fort probable que j'avais dû me
servir du sang de cet animal pour mystifier mon public. J'ai bien pourtant la conscience de n'avoir pas
été plus agissant à l'égard de ce nouveau phénomène
qu'en ce qui concerne tous les autres. Quelque
étrange que soit un fait, il faut quand il se produit
avoir le courage de se mettre en face pour le discuter
et le disséquer. Ce mot dissection est tout à fait à sa
place. D'après la théorie que j'exposerai bientôt en
donnant une explication scientifique de tous les faits
que j'ai relatés, je m'empresse d'observer d'ores et
déjà que l'origine du sang pouvait fort bien être le
pigeon mutilé. Et pour cela, nous le verrons, il n'est
nullement nécessaire de supposer que j'ai accompli
moi-même cette mutilation, recueilli le sang dans un
godet, et transporté le dit liquide en mes appartements
pour le verser ensuite sur les parois de mon flacon.
Outre que cet ensemble d'opérations est assez difficile
à exécuter en catimini, en plein jour et dans une
maison comptant une vingtaine d'habitants, il est
physiquement certain que le sang ainsi transvasé, se
fût coagulé avant de pouvoir être mis en usage, et
que j'eusse eu à ma disposition au lieu d'un filet bien
vermeil, quelques caillots noirâtres et dépourvus de
toute apparence sanguine. Quoi qu'il en soit et quelles
que fussent les opinions des divers membres de ma
famille sur l'exécution du flacon, tout le monde fut
enchanté lorsqu'il fut bien constaté, au bout de
quelques jours, que toute trace d'agitation mysté-

rieuse avait entièrement disparu. Les objets tombés
nous demeuraient. On les enferma dans le grenier des
rats et désormais les animaux rongeurs furent les
seuls êtres qui se permirent de troubler notre sommeil. J'ai conservé longtemps le flacon ensanglanté.
La tache était devenue presque noire, on eut dit une
traînée de carmin desséché. Quand nous abandonnâ-
mes un an après le château de la Sudrie pour une habitation se trouvant plus au centre de nos propriétés,
le flacon ne fut pas jugé digne de participer au dé-
ménagement. Trois ans après ces événements, le château de la Sudrie était habité par une de mes sœurs,
mariée. Mon beau-frère m'a raconté qu'une certaine
nuit, des bruits suspects s'étaient fait entendre, mais
que sur la menace d'un coup de revolver tout était
rentré dans un silence aussi prudent pour le moins
que celui de l'illustre Conrart.

Avant d'exposer les théories magiques permettant
d'arriver à l'explication de tous ces phénomènes, je
réponds d'ores et déjà à deux objections vulgaires que
font sans cesse les personnes se refusant à admettre
la réalité des faits établis.

Première objection : Pourquoi ces bruits mystérieux et ces lévitations extraordinaires exigent-ils
généralement l'extinction des bougies et la protection
des ténèbres ?

Vraiment les auteurs de cette objection possèdent
un esprit bien peu sérieux et bien peu scientifique.
D'abord un grand nombre de manifestations ont lieu
en plein jour. Et pour les autres, qui sait si la lumière, la plus subtile des vibrations physiques, n'ap-

paraît point comme un facteur négatif et prohibitif
Beaucoup d'expériences de l'ordre purement physiqu
sont contrariées par la lumière. Que répondrait-o
à l'ignorant qui vous demanderait : Pourquoi con
servez-vous du mélange de chlore et d'hydrogène ¿
l'abri des rayons solaires ? Pourquoi les photographe
apportent-ils leur plaque sensibilisée en la garantissant
contre la lumière diurne? Pourquoi conserve-t-on le
phosphore, le sulfure de carbone, les composés de
l'argent et tant d'autres en des flacons bleus ou noirs?
Je le répète, le personnage qui ferait aujourd'hui ces
questions provoquerait non des réponses, mais de
simples haussements d'épaules. N'allez pas me dire
qu'il s'agit d'un côté de phénomènes physiques et de
l'autre de manifestations hyperphysiques. Jusqu'où
va le physique ? Où commence l'hyperphysique ?
Tout au fond n'est-il pas physique ? et notre habitude
de classification et de séparation de phénomènes est-
elle autre chose qu'une habitude de langage, un préjugé de conversation ? Le monde matériel n'est qu'une
involution du monde astral, comme le monde astral
lui-même n'est qu'une involution du monde spirituel
qui, à son tour, procède du monde divin par décrois-
sance successive de dynamismes. J'aborde immédiatement la deuxième objection, qui a tout au moins une
apparence plus sérieuse.

Pourquoi, dit-on avec un sourire malicieux, vos
phénomènes extraordinaires se produisent-ils toujours
au fond des campagnes, au milieu d'habitants simples
et rudimentaires? Pourquoi vos esprits répugnent-ils
à venir se manifester dans les foyers de la science et

de la lumière intellectuelle? Que redoutent-ils? De
qui ont-ils peur? Il est certain que dans l'origine les
manifestations de fluide psychique se sont montrées
de préférence loin des centres bruyants et agités de
la vie contemporaine saturée d'incrédulité et de matérialisme. Depuis, ces manifestations ont osé abordé
même Londres, même Paris. Mais enfin quand
même elles se maintiendraient au sein des populations
simples et croyantes, qu'y aurait-il d'étonnant? Il est
indéniable que ces derniers milieux sont beaucoup
plus favorables à l'expansion phénoménale de la force
psychique; il suffit d'avoir tant soit peu étudié la
nature du fluide astral, pour se rendre compte des
perturbations épouvantables occasionnées au sein de
l'atmosphère seconde par tous les incidents du monde
matériel dans nos grandes cités modernes. Le soleil,
la lune, les étoiles, les crépuscules, ont-ils le même
aspect radieux en nos places et en nos boulevards,
que si on les contemple du haut d'une montagne soli-
taire, loin de la poussière des rues et des vapeurs indus-
trielles du charbon? Pourquoi rejeter des phénomènes
parce qu'ils ne se produisent point à volonté, à toute
heure, en toute ambiance? Pour continuer mon grossier
raisonnement de tout à l'heure, essayez de conserver
une tension électrique dans une atmosphère humide,
de vous servir comme isolant d'une tige de cuivre,
d'argent ou d'or! Est-ce une raison parce qu'un phénomène est d'une nature élevée et incompréhensible
pour qu'il ne dépende d'aucun facteur externe et ne
soit soumis à aucune loi? Les faits relatés par moi
dans ces pages ne sont certainement pas les plus

8.

extraordinaires dont on ait ouï parler. Je ne puis offrir à mes lecteurs ni les fantômes de Crookes, ni les apparitions d'Eglington, ni les musiques aériennes de Home et de Slade, ni la thaumaturgie de Mᵐᵉ Blatvatsky, des Mahatmas et des Fakirs. Ce qui donne du prix à mes récits pour ceux qui me connaissent et pour moi-même, ce sont les sources immédiates, ou quasi immédiates de mes véridiques narrations. Après l'exposition des faits, il est temps d'en aborder l'explication ésotérique ou tout au moins d'exposer les doctrines et hypothèses pouvant conduire à des explications rationnelles. Il faut dans ce but rappeler trois théories autour desquelles peuvent, je crois, se grouper absolument tous les faits d'un caractère dit surnaturel : La théorie du monde astral, la théorie des forces élémentaires, en particulier la notion des élémentals, et enfin la théorie dynamique de la matière qui paraît seule acceptable aujourd'hui à un cerveau métaphysique. Entre temps, j'exposerai la théorie scientifique du miracle, du miracle sottement nié par les survivants éclopés de la vieille école matérialiste, puérilement expliqué par un clergé peu instruit. J'aurai alors terminé mon œuvre et sans dire avec le vaniteux Horace : *exegi monumentum* ; il me sera permis de croire que j'ai rendu service à ma religion catholique et à mes pairs intellectuels.

NOTE II

I

Mon livre n'est pas plus un ouvrage élémentaire qu'un dictionnaire de magie. Il suppose connues la théorie astrale, l. notion des forces élémentaires, et les hypothèses dynamiques sur la constitution de la matière. On ne rencontrera donc qu'un minimum d'énumérations et de définitions. Je rappelle qu'en haute magie, il est admis que le monde matériel et tous les êtres qui le composent sont environnés et imprégnés par un monde supérieur qu'on a appelé le monde astral qui est une sorte de médiateur plastique entre l'univers corporel et l'univers spirituel. C'est dans ce monde astral que se passent la plupart des phénomènes que notre grammaire infirme qualifie de surnaturels. Dans l'échelle ascendante des divers

ordres de matières, la molécule astrale doit se plac
au-dessus de la molécule radiante qui précède elle
même dans la hiérarchie cosmique les molécule
gazeuse, liquide et solide. La loi suivante me sembl
être la généralisation et la conclusion de toutes le
théories et de toutes les expériences. Loi cyclique.

Laissant de côté les archétypes et la métaphysique
pour ne nous occuper en ce moment que du mond
matériel et du monde intermédiaire, nous formulerons
ainsi :

Tout part de l'astral et revient à l'astral.

Tout fait à venir dans le monde matériel, a son
concept formel et prototypique dans le monde astral.

Tout phénomène qui se produit dans le monde matériel a son reflet immédiat et permanent dans l'atmosphère seconde.

D'où il suit qu'en pénétrant dans ladite amosphère
les facultés psychiques de l'homme, pareilles au Janus
de la fable, peuvent embrasser le passé, le présent et
l'avenir. La prophétie, la prévision, la vaticination, le
pressentiment ne sont que des visions plus ou moins
complètes, plus ou moins parfaites de l'âme humaine
plongée dans la lumière astrale.

L'âme humaine peut opérer momentanément cette
ascension évolutive par l'extase, l'hallucination, l'hypnose et le songe. Dans certaines conditions, le corps
astral peut même se dégager complètement du corps
matériel, mais non sans danger pour la vie. On sait en
effet le pouvoir physique des pointes sur les coagula-
tions astrales qu'elle résolvent et dissolvent. — L'extase et l'hallucination sont des phénomènes très rares,

r

l'hypnose est un cas morbide ; le moyen ordinaire par
lequel l'âme peut communiquer avec le monde astral,
est le songe. Dans le songe ordinaire le corps astral
se dégage partiellement du corps matériel et l'œil de
l'âme se penche dans l'atmosphère seconde, comme
du haut d'une tour élevée la vision physique embrasse une portion de l'espace ambiant. Ce n'est donc
point une sottise ni une superstition que de croire
aux songes et de prétendre les expliquer. Le songe,
comme on peut le conclure de notre exposition précédente, peut être un rappel du passé, une intuition du
présent, une contemplation de l'avenir.

II

L'Église catholique, même dans son enseignement
vulgaire, n'a jamais proscrit, bien au contraire, les
croyances aux songes. Saint Louis eut, dit-on, un
songe en allant à la croisade et les historiens religieux
relatent ce phénomène. Bossuet, qui n'était ni un hérétique, ni un esprit faible, devant l'auditoire le plus
éclairé de son temps, n'hésite point dans son oraison
funèbre de la Princesse Palatine à citer deux songes
qui furent, dit le grand sermonaire, les motifs déci-
sifs de sa conversion. Un des plus vénérables arche-
vêques qui aient occupé le siège de Paris, Mgr de
Quélen, eut, quelque temps avant la révolution de
1830, un rêve symbolique dont il fit part à son en-
tourage, et qui lui annonçait le renversement de la
branche aînée des Bourbons. Si l'on admet que des

saints ont pu avoir des songes sujets à interprétation, il est bien difficile, pour ne pas dire absurde, de nier cette faculté chez les simples mortels.

Il est certain que tout songe est susceptible de traduction, ce qui ne veut pas dire que la traduction dont il s'agit soit toujours facile. Il y a des degrés dans le monde astral comme dans le monde matériel. Certaines parties de l'atmosphère seconde, confinent au monde métaphysique. Nous pouvons pendant la durée d'un rêve comprendre parfaitement le tableau qui se déroule sous les sens épurés de notre âme, et nous trouver complètement privés de cette compréhension à notre réveil, quand notre âme a repris le joug et les chaînes du corps matériel. C'est ainsi que l'on dit souvent : « J'ai rêvé, mais je ne me rappelle plus mon rêve. » Cette affirmation est philosophiquement inexacte. On se rappelle toujours un rêve ayant pour sujet les choses que nous comprenons à l'état ordinaire de veille. Quand nous ne nous souvenons plus c'est que notre esprit, alourdi par les lois de la chair, est incapable de l'intuition supérieure qu'il possédait, alors que le fluide astral du composé humain se trouvait partiellement dégagé du corps matériel. D'après la loi cyclique astrale que nous avons formulée, on voit que la prévision par songe n'est autre chose que la perception du concept prototyque et formel concernant le phénomène futur. Dans ce cas on ne peut pas dire qu'on prévoit, on voit.

III

Le dégagement complet du corps astral produit ce que les savants anglais Myers, Gurney et Podmore ont appelé en un ouvrage éminemment curieux et absolument scientifique : *Phantasm of the livings*, les fantômes des vivants. Il est tout naturel qu'aux approches de la mort, ce dédoublement de l'être humain s'opère avec une facilité plus grande. Aussi les légendes populaires bretonnes qui, dans leur exotérisme grossier, gardent une trace indestructible des traditions primitives, aussi dis-je, les légendes populaires bretonnes prétendent-elles que le fait de voir la même personne en deux endroits différents, au même moment, est un signe de mort. Le R. P. Studer, jésuite, ancien provincial de Toulouse, homme d'une haute valeur et d'une irréprochable orthodoxie, nous racontait qu'étant encore bien jeune il avait été ainsi averti du décès prochain de sa mère. Il se trouvait avec elle dans une pièce où elle travaillait, quand elle le pria de monter aux combles de la maison à la recherche de vieux papiers de famille qu'elle désirait consulter. En arrivant au grenier, le jeune Studer aperçut sa mère qui le considérait avec une grande tristesse. Il redescendit épouvanté et raconta en tremblant ce qu'il appelait une hallucination.

— Pauvre enfant, lui répondit sa mère, cela prouve que tu ne me garderas pas longtemps auprès de toi.

Elle mourut peu de jours après.

Tout le monde sait que saint Liguori, docteur de l'Église, éprouva dans les derniers temps de sa vie un dédoublement astral. A la même heure où il était profondément endormi dans sa cellule, il assistait le pape moribond. Les ecclésiastiques superficiels et ignorants sont donc très mal venus à nous contester la théorie du médiateur plastique. Qu'on ne vienne pas m'objecter l'incohérence, la sottise, le ridicule, le grotesque même que l'on peut constater dans un grand nombre de rêves. Du moment que l'astral contient le reflet de tout le matériel, accordons-lui généreusement le droit de nous présenter des images sottes, ridicules, grotesques et incohérentes. Soyons aussi très prudents et très défiants sur la question d'interprétation. Mais que les personnes sérieuses et principalement les catholiques cessent de hausser les épaules quand cette question est traitée et développée. L'Évangile lui-même cite un songe devant lequel les orthodoxes doivent s'incliner, celui de saint Joseph, rassuré par un ange de Dieu au sujet des signes de grossesse de la sainte Vierge.

IV

Je place ici l'exposition de deux expérience personnelles auxquelles j'applique le nom d'auto-hypnotisme et d'auto-suggestion. Est-il possible de s'hypnotiser soi-même et d'entrer volontairement dans l'état de sommeil ? Cela est possible et j'y ai réussi en pratiquant d'une certaine façon le procédé employé pour hypnotiser les animaux. Tout le monde sait qu'en traçant sur le parquet une ligne à la craie très appuyée, très blanche, et en forçant un volatile à maintenir son regard dans la direction de l'axe brillant, on arrive promptement à le plonger en un sommeil hypnotique. Par analogie, je suis arrivé bien souvent à m'endormir, à toute heure, en arrêtant non point mes yeux, mais ma seule imagination sur une forme quelconque : autant que possible sur un objet très banal n'offrant aux facultés mentales aucune espèce d'intérêt d'étude ou de réflexion. J'ai l'habitude, quand le sommeil me fuit et que je veux à toute force m'y livrer, de fixer toute ma puissance imaginative sur un grand mur blanc au centre duquel serait appendu soit un cerceau, soit une équerre. Il est excessivement rare que le sommeil n'arrive point au bout d'une ou deux minutes autant que je puis en juger.

Dans l'établissement où je faisais mes études j'ai été le sujet d'un phénomène d'auto-suggestion excessivement curieux et singulier, à l'âge de quatorze ans. Il y avait dans ma cour un grand nigaud, dont je tairai le nom, qu'on s'amusait à mystifier de toutes les façons possibles. Je lui fis croire un jour qu'on devait venir l'assassiner la nuit suivante vers deux heures du matin, et lui promis que j'irais le réveiller vers une heure pour lui prêter main forte et lui donner le moyen d'échapper aux meurtriers. A une heure du matin, je me réveillai brusquement, et chose étrange, sans me rappeler en aucune façon ma blague de la veille. J'avais seulement l'idée absolument nette qu'il me fallait aller arracher le pauvre diable aux bras de

Morphée. Je m'habillai complètement et en tout hâte sans oublier mes chaussures. Puis je courus à la couchette de mon imbécile qui se trouvait située à l'autre bout du dortoir. Je le secouai violemment en lui disant : « Dépêche-toi vite. Tu sais bien qu'il faut te lever. »

Le Père surveillant était accouru. « Mon père, lui dis-je, aidez-moi donc à faire lever mon camarade. Vous savez bien qu'il le faut. — Pourquoi donc ? vous êtes fou ! me répondit le révérend, légèrement ébaubi. Qu'y a-t-il donc ? — Je ne puis pas vous dire, moi, il faut qu'il se lève, vous le savez bien. »

Le bon jésuite me crut en état de pur somnambulisme et me ramena vers mon lit malgré une vive résistance. Je ne cessais de répéter : « Mais enfin vous savez bien qu'il doit se lever, il est absurde de le laisser dormir. »

J'obéis pourtant au religieux qui m'intimait l'ordre de me recoucher, et je tombai aussitôt en un profond engourdissement. Le lendemain, il me fut impossible de surgir à l'heure réglementaire. J'étais littéralement épuisé. Mais je me rappelais très distinctement toutes les péripéties de mon expédition nocturne qui me furent confirmées du reste par le surveillant.

V

Appliquons maintenant à quelques-uns des faits cités au chapitre précédent les théories que je viens d'exposer.

Premier fait : Impression à distance vous annonçant la mort d'une personne au moment même de son décès. Explication : Vous êtes visité par le corps astral de cette personne à l'instant où ce corps astral abandonne le corps matériel.

Deuxième fait : Vous croyez apercevoir à l'état de veille le fantôme d'une personne morte depuis quelque temps. Même explication : Le corps astral dans le stade appelé Kama-Loka peut se manifester à un être vivant.

Troisième fait : Je vois en songe un événement qui se passe en réalité deux années plus tard. Explication : Mon âme, plongée dans l'atmosphère seconde, a la perception du concept formel et prototypique relatif à l'événement en question. Une perception du même genre peut avoir lieu à l'état de veille comme dans le cas de la jeune chambrière apercevant d'avance son cercueil. Dans un état particulier d'acuité nerveuse, il est possible de se trouver transporté momentanément dans le monde astral sans passer par l'intermédiaire du sommeil. De tous les systèmes de l'organisme humain, le système nerveux est celui dont les vibrations confinent le plus immédiatement aux ondulations de la lumière astrale. On peut dire que les nerfs sont les fils télégraphiques faisant communiquer le monde matériel au monde intermédiaire. D'où il ressort le plus logiquement du monde que tout cet ordre de phénomènes hyperphysiques rencontre un terrain éminemment propre à ses manifestations chez les personnes nerveuses, et surtout chez celles dont le système nerveux est lésé, disloqué, ou déséquilibré. C'est le cas des médiums. Conséquemment il est tout naturel que ces phénomènes exercent des perturbations sur la santé générale des personnes qui opèrent ou qui servent de sujets aux expérimentateurs. Ce sont des études fort dangereuses à aborder et l'on conçoit parfaitement que l'Église ait l'habitude de les proscrire. Beaucoup de gens du vulgaire risqueraient d'y perdre et leur santé et leur raison. Celui qui poursuit malgré tout des investigations dans les sciences psychiques, agit à ses risques et périls. S'il n'a pas la constitution physique et la structure intellectuelle assez solide et qu'il succombe à la tâche, il est moralement coupable d'avoir entrepris un travail au-dessus de ses forces, quand les pasteurs autorisés des âmes lui avaient crié : casse-cou ! — Ce qui n'est pas admissible, c'est qu'on vienne au nom de l'Église et d'une façon générale interdire aux Intellectuels d'approfondir ces difficiles problèmes. Il y a, Dieu merci, de nombreux cerveaux qui les abordent, et qui ne sombrent ni dans la névrose, ni dans la folie. Par exemple, nous ne pouvons qu'approuver, et le plus énergiquement du monde, les directeurs de conscience qui emploient leur influence à tenir les femmes éloignées de cet ordre de labeurs. On rencontre malheureusement dans le sexe faible beaucoup de sujets passifs. Inutile d'y recruter des professeurs et des préparateurs. Mme Blavatsky est une exception qui confirme la règle à revers de bras.

Post-Scriptum. J'ajoute à cette note un fait curieux concernant les songes. Un de nos meilleurs amateurs d'échecs, M. Léonce Vié, m'a fait connaître

qu'après avoir cherché vainement pendant plusieurs
jours la solution d'un problème imaginé par les Alle-
mands et d'une complexité très grande, il avait
dégagé son inconnue au cours d'un rêve, avec une
entière justesse, et suivant une méthode des plus élé-
gantes. Il conta la chose au grand joueur Rosenthal
qui lui affirma avoir eu lui-même une aventure iden·
tique. Ceci prouve bien que loin d'être oblitérée au
cours du sommeil, l'intelligence peut au contraire
jouir d'une acuité toute particulière.

A titre de simple curiosité je citerai pour finir un
sonnet que j'ai fait moi-même en rêve et que je me
suis exactement remémoré au moment du réveil. Le
sens est vague, mais les vers sont justes :

Des constellations captives aux prunelles
Et sous les cils profonds des grands fous radieux,
Pleines de désespoirs, de clameurs et d'adieux
Dans le bagne azuré des voûtes éternelles.

Évanouissement des frissons et des ailes
Parmi l'encens funèbre exhalé vers les Dieux,
Fuite des horizons miséricordieux
Emportés par le vent des fauves étincelles.

Poursuis, impitoyable et féroce ananké,
Ton vol au gouffre noir du Néant invoqué,
Englobe le soleil dans ta clarté lunaire,

Et des flancs caverneux de la montagne d'or
Balançant la tempête et braquant le tonnerre
Fait Ventôse mugir où chantait Messidor.

NOTE III

I

Nous avons vu qu'on appelait Elémentaires des
âmes désincarnées habitant le stade intermédiaire
dénommé par les Hindous Kama-Loka et pouvant
produire certains phénomènes dans le monde matériel. Mais la plupart de ces phénomènes sont pro-
duits par d'autres êtres, jamais incarnés à l'état
permanent, mais incorporés aux différentes subs-
tances physiques ou errant dans l'espace à la recherche
d'une matière quelconque dont ils puissent user pour
se manifester à nous. Ces forces vivantes et intelligentes ont reçu le nom d'Elémentals. La croyance
aux élémentals sous divers vocables, dépendant des
longitudes et des latitudes, est de tous les temps et
de tous les lieux. Faunes, satyres, œgipans, dryades,
nymphes, naïades, napées, génies, lutins, péris,

djinns, elfes, gnomes, lamies, goules, daïmons, démons, succubes, etc., etc., toutes ces appellations
désignent une série d'essences dynamiques et spirituelles, répandues dans toute la nature, et jouant des
rôles actifs, soit dans les phénomènes physiques, soit
dans les manifestations affectées de l'adjectif surnaturel. L'Église catholique admet absolument et posi-
tivement cette croyance. Elle nous parle de légions
d'esprits qui obscurciraient les airs si on pouvait les
apercevoir. Elle nous met en garde contre les fantômes impurs de la nuit. Elle a des prières rituelles
qui sous le nom d'exorcismes sont destinées à con-
jurer la puissance ordinairement malfaisante des
élémentals, qu'elle appelle vulgairement *démons*. Les
élémentals, pris dans leur ensemble, ont été reconnus
en effet comme des forces nuisibles à l'homme et
combattant sans trève son évolution individuelle et
sociale. En doctrine ésotérique toutes les énergies
physiques dont nous sommes environnés et que
nous sommes appelés à dominer sont dues à l'action
des élémentals. Les conquêtes de la science ordinaire
appliquée ne sont autre chose que les moyens dé-
couverts propres à discipliner ces forces pour les
assujettir à notre volonté. Un des buts de la science
occulte est d'arriver à connaître d'une façon parfaite
la nature et le pouvoir de ces forces, afin de les employer à étendre jusqu'à des limites encore imprévues
le pouvoir de l'homme sur la nature ambiante. Cette
lutte de l'homme contre l'élémental, soit dans l'ordre
dit naturel, soit dans la place qualifiée d'hyperphysique, cette lutte, dis-je, n'est point exempt de dan-

gers. Les grands cataclysmes des éléments terrestres sont dus aux convulsions des élémentals. Et, certainement, nous ne connaissons encore qu'une portion très faible de leur puissance. Les phénomènes psychiques, dont la curiosité envahit le monde, sont un champ autrement étendu et redoutable où se fait sentir d'une manière encore bien étrange et bien mystérieuse la vigueur de ces entités peu connues et mal définies que nous devons dompter sous peine d'être opprimés et anéantis.

II

Les maladies étranges connues de toute antiquité et désignées sous le nom de possessions et d'obsessions ne sont autre chose que les persécutions individuelles dues à des élémentals momentanément incarnés dans les possédés, ou les obsédés, détenant leur système nerveux et régissant leurs mouvements. Les quatre Évangiles sont remplis de ces faits de possession et d'obsession auxquels mettait fin la toute-puissance du Fils de l'homme. On se rappelle ce curieux épisode évangélique où un misérable se trouvait hanté par toute une légion de mauvais esprits qui s'enfuirent au Verbe de Dieu, et se réfugièrent dans un troupeau de pourceaux, lesquels coururent aussitôt se noyer dans la mer. On voit bien ici la nature malfaisante de l'élémental.

L'élémental ne se complaît guère à l'état libre ; il cherche à s'incarner dans un être vivant ou à s'incorporer en une matière quelconque du monde physique. Lorsqu'il est désincarné ou désincorporé, il devient particulièrement nuisible, car il guette une occasion de ressaisir une substance et on pourrait alors lui appliquer cette parole de l'Écriture : *Quærens quem devoret*. Les Chaldéens et les anciens kabbalistes juifs devaient connaître beaucoup mieux que nous la nature et la puissance des élémentals, et ces esprits matés et domptés devaient leur servir à accomplir ces prodiges de force mécanique devant lesquels nos savants et nos ingénieurs restent ébahis. La connaissance et le mouvement de ces forces devaient constituer une portion considérable des initiations antiques, car nous voyons historiquement que les initiés de tous les pays et de tous les rites se livraient volontiers à la thaumaturgie. Le vulgaire, témoin d'inconcevables prodiges, croyait sans hésiter et obéissait sans murmurer. Les sorciers et les magiciens de toutes ces époques n'ont été que les complices et les instruments des élémentals. On conçoit que l'Église, gardienne suprême de l'ordre général, les ait poursuivis et anathématisés.

III

J'arrive à une question palpitante au point de vue dogmatique et ésotérique. Qu'est-ce que le diable ? Y a-t-il un diable ? Il y a ici à faire toute une série de distinctions et de sous-distinctions. Dans un ordre métaphysique tout à fait supérieur à celui où évo-

luent les élémentals et les élémentaires, qui n'est
que le plan astral, nous savons que la doctrine caba-
listique (contenue au Zohar et au Sépher Jésirah)
place la hiérarchie des séphiroths ou êtres ministériels
des forces primordiales, que les religions ont appelée
la hiérarchie angélique. Par argument d'analogie on
peut admettre que, parallèlement à la théorie ascendante des esprits lumineux, il existe une théorie des-
cendante composée d'esprits de ténèbres. Il n'est
pas du tout répugnant de concevoir que cette agglomération de forces pneumatiques possède un chef.
Mais ces esprits soit lumineux, soit ténébreux évoluent,
comme nous le disons plus haut, dans un plan bien
plus élevé au-dessus du plan astral que le plan astral
lui-même n'est élevé au-dessus du plan matériel, et
ils n'ont aucune influence directe sur notre monde
physique. Ce qu'on appelle vulgairement *le Diable*
n'est que l'ensemble des forces incohérentes flottant
du monde intermédiaire au monde matériel ; c'est un
tourbillon d'élémentals, ce n'est point une entité
pneumatique. Le mot lui-même indique bien étymo-
logiquement le sens que nous lui attribuons ici.
Diable vient du mot ʹδιαϐάλλειν (jeter à travers), verbe
qui possède d'une façon bien indubitable la signification de désordre et d'incohérence. Donc nous n'entendons pas nier qu'il existe un prince de ténèbres,
le plus haut esprit de la hiérarchie anti-séphirotique,
mais nous prétendons qu'on attribue à tort à ce prince
noir en question une foule d'influences matérielles
et même psychiques, simplement exercées par les
élémentals. Quand vous entendrez parler de diables

et de démons, gardez-vous de hausser les épaules,
traduisez tout simplement par élémentals. Le raisonnement analogique nous engage à admettre l'existence de forces élémentaires bienfaisantes, ce qui
confirmerait pleinement la croyance catholique aux
anges gardiens.

IV

L'école d'Allan-Kardec, qui a fait faire de très
grands progrès aux sciences psychiques, a tiré de ses
nombreuses et sérieuses expériences une conclusion
qui dans la plupart des cas se trouve erronée. Elle
attribue les mouvements de lévitations et les communications intelligentes qui peuvent en être la suite à
l'intervention de l'âme des morts... Le fait a pu quel-
quefois arriver. L'évocation directe d'une âme, la
nécromancie, n'est pas un vain mot, et tout le monde
se rappelle le récit oblique où la pythonisse d'Endor
évoque (fait monter du Schéôl) aux yeux de Schaoul
l'ombre de Schemouel. Mais les phénomènes ordi-
naires de l'ordre physique n'ont point pour généra-
trices des causes aussi transcendantes. Ils sont le simple
résultat de l'action des élémentals. Comment expliquer en effet les communications grotesques, stupides,
incohérentes, ineptes, parfois inconvenantes et ordu-
rières que donnent les objets soumis à la lévitation.
Comment supposer qu'un esprit qui s'intitule pom-
peusement saint Augustin, saint Paul, Homère, Vir-
gile, Dante, Lamartine et qui essaie de prêcher ou de

versifier en conséquence, vous communique des productions parfois ridicules, parle une mauvaise langue et dicte des vers faux ? Le phénomène s'explique au contraire avec la plus grande facilité dans l'hypothèse des élémentals. Il y a des élémentals d'une nature obtuse et grossière et ce sont justement ceux-là qui se mettent le plus volontiers en relation avec les expérimentateurs quelconques. Ces êtres, aussi fourbes et menteurs qu'inintelligents, s'affublent sans hésiter des noms les plus hauts et les plus illustres de l'histoire, mais la nature de leurs émissions pourvues d'un sens appréciable, suffit à faire juger la tromperie et l'imposture. C'est également à l'action perverse des élémentals qu'il faut attribuer certains songes, certaines visions, certaines hallucinations, où l'on aperçoit en des conjonctures odieuses, répugnantes, parfois monstrueuses, les êtres défunts que l'on a le plus respectés et aimés. Les élémentals possèdent en effet la propriété de s'emparer dans certaines circonstances d'un corps astral momentanément dégagé de son enveloppe physique, et de le faire évoluer à leur guise dans l'atmosphère seconde qui est leur domaine essentiel.

V

J'explique par la théorie des élémentals tous les phénomènes de percussion et de lévitation qui se sont passés sous mes yeux et dont j'ai donné le récit dans la note précédente. C'est un groupe d'élémentals qui hantait le presbytère de Carsac en Sarladais et qui

est parvenu à en chasser tous les êtres vivants. C'est
un élémental qui, aux yeux du célèbre avocat auquel
j'ai fait allusion plus haut, agitait un porte-plume et le
faisait mouvoir autour d'une table de travail. Je n'ad-
mettrais l'action d'un élémentaire, c'est-à-dire d'une
âme Kamalokiste, catholiquement en purgatoire, que
dans le cas très remarquable de notre brave métayer
entendant sortir de ses meubles des soupirs et des gé-
missements. Quant à l'apport d'objets extérieurs en
une pièce rigoureusement close, il faut pour l'expliquer scientifiquement combiner la théorie des élémentals à la théorie dynamique de la matière que
j'exposai dans mon dernier chapitre. Toutefois la
théorie des élémentals suffit à la dissection à peu près
complète du plus curieux des phénomènes que j'ai
rapportés à titre personnel. Je veux parler du flacon
sur lequel je tirai un coup de fusil et qui ne fut point
brisé, mais qui s'imprégna d'un liquide rouge présen-
tant les apparences du sang. J'ai déjà observé que l'on
prêta peu d'attention à ce prodige et qu'on prétendit
que je m'étais simplement approprié le sang d'un pigeon qu'on découvrit ce jour-là même entièrement
mutilé. Or le pigeon, comme tous les êtres vivants, possédait un corps astral tendant plus ou moins à se dégager dans l'état de sommeil. Un élémental, celui-là
même qui hantait et faisait mouvoir le célèbre flacon,
a très bien pu s'emparer du corps astral appartenant
au volatile assoupi. En ce cas, scientifiquement d'a-
près les principes occultes, toute percussion sur l'objet
où s'incorporait l'élémental, devait se répercuter méca-
niquement sur le corps matériel possédant encore un

lien fluidique avec la forme astrale dégagée. On voit qu'une explication relativement très simple rend un compte exact d'un fait aussi mystérieux qu'effrayant. Pour la dernière partie du phénomène, l'apport du liquide sanguin d'un lieu dans un autre, il faut supposer dep lus une désintégration et une reconstitution de matière que j'expliquerai en exposant la théorie dynamique. Je termine cette note par un charitable avertissement aux expérimentateurs purement curieux et qui ne sont point guidés par des motifs scientifiques dans leurs investigations. Il est très périlleux, je le répète, de se mettre en rapport avec les élémentals. La folie est un des moindres inconvénients qui puisse en résulter, et l'on comprend encore ici la sollicitude maternelle de l'Église catholique qui a interdit d'une façon générale aux fidèles de se livrer aux expériences des tables tournantes, des crayons automatiques, de l'écriture directe, et autres opérations du domaine hyperphysique. La défense est un avertissement charitable plein de sens et de raison. Elle vise la foule les hommes légers, qui ne cherchent qu'un aliment à leur curiosité, les esprits faibles facilement impressionnables et détraquables, mais plus particulièrement les femmes. L'Église ne peut condamner ni l'intellectuel qui travaille dans un but de gnose et d'évolution scientifique, ni le médium qui est de sa nature destiné à la reproduction des phénomènes psychiques. Un médium n'est effectivement autre chose qu'un homme au système nerveux hyperaigu et hypertrophique, se trouvant par là même en communication normale avec le plan intermédiaire.

NOTE IV

SUR LES MIRACLES

I

Les catéchismes ont le tort de définir le miracle, une dérogation aux lois de la nature. Cette définition est physiquement et métaphysiquement absurde. Dieu ne suspend point les lois universelles qu'il a édictées, comme un chef de bureau ou un Monsieur Pet-de-Loup quelconque ses arbitraires réglementations. Le miracle est l'application d'une loi supérieure dont en l'état actuel de la science, nous ignorons la mise en mouvement. Il y a cent ans on eût traité de miracles la plupart des inventions réalisées en notre siècle, et il est bien certain que le vingtième siècle arrivera à produire couramment des phénomènes considérés aujourd'hui comme miraculeux.

Beaucoup de forces naturelles nous demeurent encore inconnues et il n'est pas à croire que l'homme arrive jamais à les posséder toutes dans sa main comme des instruments dociles. Ce jour-là, il deviendrait par trop semblable à Dieu, dont il n'est et ne sera en tout temps que l'image très imparfaite.

II

L'existence des miracles ne peut être niée que par des imbéciles ou des personnes de mauvaise foi. Comme M. Renan est loin d'être un sot, j'en conclus qu'il manque totalement de probité scientifique. Il y a toujours eu des miracles et il y en aura toujours. Ce n'est pas à dire évidemment que les nombreuses gens disposés à tout propos à crier au miracle possèdent de bien lumineuses intelligences. Les négateurs de parti pris étant de mauvaises bêtes, j'appellerai bonnes bêtes les fanatiques du miracle quotidien. Il faut un grand calme, une grande judiciaire, un savoir éminent pour se prononcer sur un phénomène d'apparence singulière et le juger miraculeux. Évidemment les personnes dévotes seront pourvues d'un détestable critérium aussi bien que les grossiers matérialistes qui ne croient qu'aux bifteaks ou aux lapins sautés. Je ne parle pas de ceux qui nient à priori et par système. Ceux-là sont des malfaiteurs intellectuels auxquels on doit péremptoirement interdire de prendre la parole au nom de la science. Je ne connais rien de plus répugnant que l'abjection philosophique du gros Renan, hochant la tête, une gaudriole à la bouche, au vent de toutes les hypothèses imaginables, confit dans son adiposité de mauvaise nature, et souriant du coin des lèvres à quelque abbesse de joie qu'il voudrait bien mettre à mal, sans avoir le muscle nécessaire.

III

La thaumaturgie présente deux aspects bien distincts : elle peut résulter soit d'une sainteté éminente, soit d'une haute science unie à une énergique volonté. Mais on n'est pas thaumaturge pour avoir produit une fois par hasard un fait de l'ordre miraculeux. Une personne très nerveuse et douée d'un fluide volitif très violent peut accidentellement produire des phénomènes d'atmosphère seconde, sans pouvoir prétendre le moins du monde pour cela à la qualité de thaumaturge. Il m'est arrivé d'évoquer le fantôme d'un vivant et je n'ai pas cru avoir opéré un miracle. L'anecdote ne manque pas d'intérêt. J'habitais en 1875 à l'hôtel des Ambassadeurs, 45, rue de Lille, une chambrette voisine de celle d'un de mes amis dont j'étais séparé par une simple cloison. Entre mon ami et moi existait un pari : Il s'agissait de savoir lequel de nous deux trouverait le premier je ne sais quelle devinette proposée par un journal. Je découvris une nuit, vers onze heures, la solution désirée et, mon amour-propre se trouvant en jeu, je souhaitai avec une extrème violence la présence immédiate de mon ami que je n'osais pourtant réveiller. Bientôt j'aperçus fort distinctement, et comme dans un nimbe, l'image de mon voisin qui paraissait traverser la cloison. Je fis un bond d'étonnement et le fantôme

disparut. Mais j'allai de suite arracher à son sommeil
la personne réelle et lui demander avec instance
comment elle avait fait pour percer la muraille. Mon
ami crut à une hallucination et je partageai sa
manière de voir, n'ayant jamais ouï parler encore des
manifestations du fluide astral. Actuellement, je suis
bien certain d'avoir évoqué son fantôme, mais je ne
présente point comme un miracle le résultat d'un
acte énergique de volonté. Apollonius de Tyane
dans l'antiquité, Paracelse à la fin du moyen âge,
opérèrent de véritables prodiges par la hauteur et la
profondeur de leur science. Saint François d'Assises
au XIII° siècle accomplit une quantité considérable de
miracles par l'étendue de sa sainteté. Il faut se garder
d'assimiler à ce grand saint, dont la figure est si sym-
pathiquement lumineuse, les personnes assez nombreuses qui se sont prétendues stigmatisées. Ce phénomène des stigmates peut certainement être engendré
par une auto-suggestion d'une intensité violente. Il
suppose évidemment une ardente piété et un tendre
amour de Dieu, mais n'entraîne aucunement l'intervention de Notre-Seigneur Jésus-Christ, ni des esprits
célestes. Les hypnotisés de la Salpêtrière éprouvent
de réelles douleurs sous l'influence de suggestions
appropriées.

IV

Je suis dans l'obligation de dire quelques paroles
sur les miracles de Jésus. Je le ferai avec l'immense

respect d'un catholique pour l'Incarnation du Verbe
divin, et je ne comparerai à aucune autre classe de prodiges les actes de pure lumière accomplis par la
source de toute grâce et de toute vérité. Jésus possédait un plein pouvoir sur les trois mondes, et il pouvait à son gré mettre en œuvre les forces du monde
physique, du monde astral et du monde divin. Ces
miracles ont toujours un caractère hautement symbolique : ce sont des sourds, des muets, des aveugles
resaisissant tout à coup dans sa plénitude la vigueur
abolie de leurs sens. Jésus était venu porteur de la
clarté morale; toutes ses actions matérielles devaient
porter l'empreinte du réveil, de l'action, de la lutte, de
la conquête irrésistible des âmes. Jamais il n'a con-
senti à se donner en spectacle et c'est là le trait dis-
tinctif de sa thaumaturgie supérieure ; il repoussait
avec des paroles sévères ceux qui lui demandaient un
signe dans le ciel, et il gardait le silence du mépris
devant le tétrarque Antipas qui exigeait un prodige. Il recommandait toujours aux miraculés de garder le silence sur leur guérison, voulant ainsi se dif-
férencier de tous les auteurs d'actes extraordinaires
qui recherchent la foule, le bruit et la renommée. Le
miracle unique qui n'a jamais été répété fut la résurrection de Lazare. La veuve de Naïm et la fille de
Jaïre dormaient, dit lui-même le divin Rédempteur,
ce qui signifie probablement un état léthargique ou
un dégagement incomplet de la matière astrale. Mais
Lazare était déjà en décomposition : *Jam fœtet.*
L'Homme-Dieu mit la main ce-jour là au plus haut se-
cret de l'arbre de Vie, loin duquel les hommes seront

perpétuellement repoussés par l'épée flamboyante
d'un Ange. Gloire éternelle soit rendue au Père qui a
engendré Le Fils, au Fils qui témoigne du Père, à
l'Esprit qui ramène dans le sein du Père la gloire immortelle du Fils. Amen.

V

Toutes les religions ont produit des miracles parce
que toutes les religions ont engendré des actes de foi.
Les prêtres égyptiens luttaient avec Moïse sans pouvoir cependant atteindre le même degré de thaumaturgie. L'histoire du peuple juif est une suite non in-
terrompue de prodiges qu'il ne faut cependant pas tous
prendre au pied de la lettre. Il s'en trouve assez de véritables, quand ce ne seraient que les prophéties et la
vie indestructible de ce peuple dispersé, sans être
obligé d'ajouter foi à Josué arrêtant le soleil et aux
cailles rôties s'abattant tout à coup dans le désert.
Les Chaldéens vivaient au milieu des prodiges. Le
berceau du paganisme est entouré d'événements
merveilleux. De tous temps, l'Inde a été le témoin de
faits extraordinaires qui se continuent encore de
nos jours. Les récits de Jacolliot, de Lermina (*Magie
pratique*), de Mme Blavatski (*Lotus*), ne laissent à cet
égard subsister aucun doute. Mais ces prodiges ont un
caractère de prestidigitation que n'ont jamais revêtu
ceux du Christianisme. Les fakirs donnent de vérita-
bleséances comme les boktes du Thibet. De plus les
faits eux-mêmes n'ont rien de bienfaisant, ni de sym-

bolique : on vous fera pousser une plante en quelques heures, on organisera une danse avec de fort vilains reptiles, un brahmane sera enterré avec des précautions toutes spéciales et exhumé vivant au bout d'un certain nombre de jours, un bokte se fendra le ventre aux yeux d'une foule émerveillée et déclarera n'en éprouver que douceur et plaisir. Toujours un besoin d'ostentation, toujours le désir, qu'on ne pardonne l'expression, d'épater le bourgeois. Eh bien, en dépit de la nature absolument miraculeuse des phénomènes, ce sont vraiment des miracles pour rire, des miracles au sujet desquels on pourra faire de fructueuses tournées. Je m'étonne sans doute, mais je ne m'incline pas devant ces Boscos supérieurs.

VI

Je ne dois point passer sous silence les miracles de Lourdes, un des faits contemporains les plus notables se rapportant à l'ordre des phénomènes hyperphysiques. Il faudrait pousser jusqu'à la bêtise l'esprit de négation pour affirmer qu'il ne s'est passé à Lourdes aucun événement extraordinaire. Les témoins ont été vraiment trop nombreux et les témoignages eux-mêmes ont été soumis à une critique médicale et scientifique trop minutieuse et trop approfondie, pour qu'il soit possible de prétendre à un groupe de supercherie, à une collection d'impostures. Rejetons, si l'on veut, les trois quarts des constatations, et il faut assurément en éliminer un bon nombre; il en reste assez dans le dernier quart pour établir d'une façon indiscutable le caractère hyperphysique, les cures et des guérisons accomplies au pied du Sanctuaire pyrénéen. Ces principes posés, entrons dans la discussion générale.

Étant catholique, je crois à la Vierge Marie, mère physique de l'humanité divine, dont l'âme fut formée avant les siècles, et proclamée justement par l'Église Mère de Dieu, puisqu'elle a mis au monde un Être unique et supérieur, qui a résumé en son entité terrestre toute la somme de divinité dont l'univers matériel peut supporter la manifestation. Croyant à la Vierge, je dois admettre la possibilité de son apparition astrale. D'après le dogme catholique, l'Assomption n'a pu concerner que son corps glorifié, affranchi, par conséquent, de toutes les infirmités inhérentes à la matière.

Il y a eu, comme pour le Christ, désintégration et résorption du matériel dans l'astral.

Maintenant, s'ensuit-il qu'il faille conclure que la Vierge Marie est réellement apparue dans sa forme astrale à Bernardette Soubirous? Cette conclusion n'est pas dans les prémisses. Bernadette Soubirous a probablement éprouvé ce que sainte Thérèse appelle très exactement une vision intellectuelle. C'est-à-dire qu'elle a dû se trouver dans un état d'âme où son esprit a embrassé les perfections de la Mère de Dieu assez intimement, assez complètement, pour en ressentir une impression physique réagissant sur l'ensemble de son système sensoriel, en particulier sur les

deux sens les plus nobles, la vue et l'ouïe. Il y a déjà
là un phénomène qui est bien rarement éprouvé et
qui exige pour se produire une grande pureté d'âme,
unie à une sensibilité très délicate et à une faculté
impressive très développée. Bernadette Soubirous
était éminemment nerveuse au point d'en avoir con-
tracté une maladie douloureuse dont elle n'a jamais
pu guérir. Quant aux miracles subséquents qui ont
eu lieu et se sont perpétués sans interruption depuis
le phénomène initial, ils sont évidemment dus au
réveil de l'esprit de foi qui a fait accourir dans
l'humble sanctuaire d'innombrables foules de tous les
points de l'univers, ce qui n'enlève point aux guérisons leur caractère religieux. La foi ardente, énergique,
persévérante qui est chrétiennement une vertu divine
a une action directe sur le fluide astral, qui agit, lui,
comme résurrecteur, et rénovateur dans les organes
affectés des processus morbides. Il est à remarquer
que tous les prodiges relatés se rapportent à des acci-
dents de pathologie nerveuse et que jamais les cures
n'ont eu le caractère d'instantanéité. Elles ont toujours eu lieu d'une façon progressive parfois très
lente. Dans plusieurs cas, elles ont été suspendues et
la malade est retombé dans son état primitif. On voit
là clairement le résultat d'un effort d'une tension qui
infuse graduellement une énergie nouvelle à des
fils conducteurs usés, détériorés, oblitérés. Si l'acte
de foi n'est que d'un instant, aucun phénomène ne
se montre ; de même s'il est vacillant et débile. S'il
cesse avant la régénération de l'organe, l'effet curatif
est arrêté. Beaucoup de malades se plongent dans les

piscines d'eau glacée, de cette eau qui jaillit de l'abondante source. Il y a dans le saisissement qu'ils éprouvent une excitation toute physique qui peut dans certains cas venir en aide à l'éréthisme moral. J'insiste de nouveau et avec une grande force sur le caractère de mes explications qui ne diminuent en rien, je le répète, le caractère religieux des phénomènes et se bornent à analyser scientifiquement la marche des guérisons et leur cause efficiente immédiate. Ces pages évidemment ne sont pas destinées à être apprises par un prédicateur et récitées en chaire devant un auditoire de pauvres fidèles dont l'humilité égale la simplicité. On dit à ceux-là : La Sainte-Vierge a opéré un miracle, et l'on a raison de s'exprimer ainsi quoiqu'une intervention directe du monde divin ne me paraisse pas admissible. Je vois encore là un nouvel exemple de la nécessité des deux enseignements. Si l'on essayait de faire comprendre à une brave femme de la campagne bien bonne et bien fervente les raisonnements analytiques que je viens d'énoncer, on ne serait certainement pas compris et on courrait le risque, si on l'était, de détruire la foi dans cette âme naïve. D'un autre côté, vous soulèverez de bien fortes objections dans l'esprit d'un intellectuel, fût-il excellent catholique, si vous lui parlez de la Vierge Marie descendue du ciel tout exprès pour se manifester à une pauvre fille et accordant les guérisons par un acte individuel et répété de sa volonté et de sa toute-puissance. Je n'ai pas besoin d'ajouter une ferme intention de respecter les pèlerinages, que des parpaillots et des voyous peuvent seuls tourner en dérision. Les accès de foi chrétienne qui ne cessent de se produi à Lourdes sont dignes de l'admiration des philo ophes et des penseurs, et leurs résultats, susceptibles d'étonner grandement les plus subtils professeurs de pathologie et de thérapeutique de la faculté de Paris ; si positivistes que soient ses tendances générales, elle est bien obligée d'admettre au nombre des énergies curatives dont elle constate, hélas! le bien petit nombre, cette vertu, purement mystique et pourtant péremptoire : l'acte de foi.

NOTE V

SUR LA THÉORIE DYNAMIQUE DE LA MATIÈRE

I. La nature de la matière. Du substratum et de la substance. Hypothèse dynamique. — II. Désintégration et reconstitution matérielles. — III. L'involution et l'évolution. Darwin et Spencer. — IV. Conclusion de la physique ésotérique.

I

Depuis les atomes crochus s'attirant et se repoussant, la théorie de la matière a fait un notable chemin. Spinoza a considéré la matière comme faisant partie intégrante de la divinité. Descartes l'admettait substantielle et la proclamait indéfiniment divisible. Leibnitz était plus près de la vérité en proclamant l'existence de la monade considérée comme un point mathématique et un simple centre d'attraction. Les physiciens et les philosophes modernes étaient arrivés à résumer ainsi l'univers cosmique: une seule matière animée d'un nombre infini de mouvements; chaque mouvement distinct modifiait l'apparence sensible et constituait les différentes espèces de ma-

tières. Les théosophes contemporains iraient plus loin
encore dans la voie de la simplification et de l'unité
générale. Une portion de l'École écossaise avait déjà
nié le substratum matériel, la substantialité de la matière. Aux yeux de l'ésotérisme scientifique, cette
opinion doit être adoptée ; la matière n'existe pas en
tant que substance. Il n'y a pas de substance en dehors
de la substance spirituelle, émanation directe de la
substance divine. L'Univers matériel n'est qu'une
apparence. La matière n'est que le résultat produit
sur nos facultés perceptives inférieures que nous
appelons les sens, par un système de forces, par un
ensemble de dynamismes émanés de la substance spirituelle en état d'involution ; la matière n'a qu'une
existence formelle. Il n'y a pas d'*Être en soi* sous les
diverses modalités qui frappent nos sens. Nous
voyons, nous entendons, nous sentons, nous goûtons,
nous avons l'impression tactile du poids de la résistance, de la température, de l'état électrique ou magnétique des corps, mais je vous prie de m'indiquer
quelle est celle de nos perceptions qui va aboutir à la
substance et qui nous permette de l'affirmer ? Au
contraire si nous quittons le monde extérieur pour le
monde psychique, nous rencontrons une faculté supérieure la plus intime, la conscience, qui nous avertit
de notre existence et des modifications incessantes de
notre moi individuel. Ce moi ne possède ni couleur,
ni son, ni odeur, ni goût, ni poids, ni forme, ni résistance : il échappe à nos émotions sensitives, voilà la
substance *qui extat per se* et dont nous avons très
nettement la conception abstraite, indépendamment

de toute idée de modalité. Mais prenez donc un objet
matériel quelconque, je suppose le plus abaissé dans
l'échelle des êtres, un grossier minéral. Enlevez-lui
par l'imagination sa couleur, son poids, sa forme, sa
résistance, quel est le substratum ? — Rien, absolument rien. Donc il n'a pas d'existence substantielle.
Il n'y a donc là qu'une illusion produite sur nos sens
par des dynamismes de divers ordres, émanés, eux,
de la substance unique, de la substance spirituelle,
dont ils ne sont que les dernières, les plus inférieures
vibrations.

II

Si la matière n'est qu'un jeu de forces, une espèce
de matière ne se différencie d'une autre que par le
nombre, la qualité, l'énergie des ondulations dynamiques. Donc théoriquement si l'on arrivait à connaître la loi graduelle et continue de ces ondulations,
on transmuterait les diverses matières les unes dans
les autres, et l'on finirait même, en supprimant les
forces qui occasionnent les modalités sensibles, par
anéantir réellement toute espèce de matière. On désin-
tégrerait ainsi la matière que l'on pourrait ensuite
reconstituer par des moyens inverses, en faisant involuer les dynamismes qu'on a fait évoluer. Parmi les
phénomènes hyperphysiques que j'ai décrits, il en est
qui, pour être expliqués, nécessitent que l'on admette
la désintégration et la reconstitution de la matière.
Dans ce nombre je range naturellement les phénomènes d'apports spontanés d'objets extérieurs dans

une pièce close, la chute du plomb et des pierres, la sortie du fragment de bois hors de l'armoire, où on l'avait enfermé, le passage du tonneau d'olives du grenier où il gisait dans une chambre exactement fermée. Dans l'état ordinaire même sous la forme radiante la matière est impénétrable : deux objets matériels ne peuvent pas occuper simultanément la même portion de l'espace, donc les phénomènes que j'expose, et dont la réalité est indiscutable, ne peuvent être expliqués que si l'objet matériel extérieur apporté, perd à un instant donné toutes ses qualités sensibles pour les retrouver ensuite. Dans l'hypothèse dynamique, on comprend sans effort ce qui a pu se passer. Le système de force qui engendrait une apparence déterminée a subi un arrêt total en un point de l'espace et a été remis en mouvement à un autre point, en conservant son identité dynamique primitive. Dans l'expérience du flacon sanglant, le sang de l'animal tué par le choc en retour du fluide astral, a été transporté au moyen d'une désintégration et d'une reconstitution, par l'élémental qui s'était emparé de la forme fluidique. Il faut admettre que les élémentals et probablement aussi à fortiori les élémentaires jouissent de la propriété de pouvoir désintégrer et reconstituer les corps matériels.

III

Quand une force, ou un système de forces, part et s'éloigne de son centre de génération dynamique, on dit qu'il involue. Quand, suivant la loi générale cyclique, il revient à son point de départ, il évolue, il est en état d'évolution. Les processus de la Trinité divine nous représentent les mouvements suprêmes d'involution et d'évolution métaphysique. Hors de ce cycle intérieur de la substance infinie, l'action divine involuant a produit le monde substantiel des esprits entités distinctes de l'entité divine, entités libres, entités immortelles. Le monde des esprits involuant d'après des lois générales archétypes a dégagé son dynamisme propre, qui, lui, a été incapable de produire un monde substantiel, mais a créé le monde formel qui est l'univers visible. La modalité dynamique primitive a donné comme résultat la matière cosmique ou astrale qui reste encore l'enveloppe générale du monde physique. L'involution se poursuivant, une portion de la matière astrale ou atmosphère seconde est devenue matière radiante et celle-ci a partiellement et successivement involué en matière gazeuse, liquide et solide. Puis la réunion des cinq matières a engendré l'être physique organisé dans son immense échelle. Le dernier stade de l'involution est le minéral inorganique.

Ici commence l'évolution, c'est-à-dire l'ascendance graduelle vers la matière cosmique primitive. Il y a donc quelque chose de vrai dans la théorie darwiniste. Le minéral est fils de la matière cosmique et retournera à cette matière. Nous pouvons parfaitement admettre le transformisme des espèces, mais il y a un point où nous crions : Halte-là ! C'est quand on voudra passer de la plus subtile des matières,

c'est-à-dire d'une simple force, à l'esprit, c'est-à-dire
à la substance. La distance est infinie et infranchis-
sable. L'involution extérieure divine a pu générer
les esprits, mais les esprits, eux, n'ont pu que déve-
lopper des forces. Le terme dernier de l'évolution
sera la résorption de ces forces dans le monde des
esprits, c'est-à-dire l'anéantissement de l'univers
physique. Le monde des esprits lui-même pourra
pendant une période plus ou moins longue, le Nirvana des Hindous, se reposer dans le monde
divin, quitte à recommencer un *mansvantara*, soit
une nouvelle période cyclique d'involution et d'évolution.

S'élevant au-dessus de l'évolution générale orga-
nique, Herbert Spencer, dans un ouvrage d'une haute
valeur méthodique, a traité l'évolution superorganique, c'est-à-dire l'évolution hominale et sociale,
l'évolution des philosophies et des croyances. Sa
théorie est spécieuse et présentée avec un grand
talent d'exposition et une fort habile logique de développement. Toutefois il n'est pas malaisé de trouver
de nombreux défauts à la cuirasse psychologique de
cet éminent positiviste. Il n'a sans doute pas le pédan-
tisme gourmé et les fantaisies ridicules du chef du
positivisme français, Auguste Comte, mais de temps à
autres on lui surprend de bonnes naïvetés qui vraiment font sourire quand on songe aux prétentions
de l'auteur à la transcendance. Ainsi je ne puis guère
conserver mon sérieux quand M. Spencer explique
ainsi la croyance des hommes primitifs au surnaturel :
« Ils ont vu les nuages paraître et disparaître, donc ils

ont conclu qu'une chose pouvait exister et ne pas tomber sous les sens : que toute chose qui disparaissait était en possibilité de réapparaître. » Je n'ajoute pas une réflexion à une pareille calinotade.

IV

Désormais il ne faut plus employer les vocables dénués de sens, de naturel et de surnaturel. Il y a trois mondes : le monde divin, le monde intermédiaire ou astral et le monde matériel. Le premier est aussi naturel que les deux autres, puisqu'il les comprend comme une cause efficiente comprend ses effets. De plus ces trois mondes n'ont pas entre eux des séparations nettes et tranchées, on monte de l'un à l'autre par une gamme chromatique insensible et indéfinie. Le monde matériel touche au monde divin par les propriétés de l'âme, cette sœur inséparable de l'esprit. Entre la physique et la métaphysique, nous intercalerons la science astrale sous le nom de physique transcendante, et nous ne conserverons plus qu'à titre historique et documentaire les appellations mystérieuses de magie, d'hermétisme, de science occulte. Nous dévoilerons Isis, non point à la foule incapable de *sursum corda* et de *sursum mentes*, mais à toutes les intelligences assez fortement trempées pour contempler face à face la portion de vérité agnoscible en notre monde terrestre. Nous détruirons ce cancan légendaire que l'Église catholique est l'ennemie des

sciences psychiques, en montrant que les sciences sont
l'éclatante confirmation des doctrines chrétiennes,
comprises comme elles doivent l'être, et de la suprématie romaine dont nous sommes et restons les féaux
chevaliers. Par-dessus tout nous donnerons le coup de
grâce au fétide et grossier matérialisme, qui pourra
involuer vers la scorie et le caillou, sans être jamais
susceptible d'aucune évolution ou résurrection.

SALUT A L'ÉSOTÉRISME

Toutes les connaissances humaines se rattachent à
l'ésotérisme comme toutes les contingences sont déri-
vées de l'absolu. L'ésotérisme est la source primordiale et supérieure de toutes les sciences, comme la
nuée céleste est le principe des rivières et des fleuves.
La métaphysique, qu'elle soit ontologie ou cosmologie, psychologie ou théodicée, lui emprunte toutes
les notions abstraites d'être et d'espace, de temps et
de substance, de mouvement et de personnalité. Les
mathématiques trouvent dans l'ésotérisme la théorie
suprême du nombre et y découvrent cet enseignement
que le nombre n'est pas une simple expression conventionnelle traduisant en abstrait les grandeurs et
les quantités, mais constitue réellement une essence.
et qu'Euclide comme Archimède sont d'humbles
corollaires de Pythagore. La logique scolastique ou
autre ne s'appuie plus avec une aussi inébranlable
confiance sur de soi-disant lemmes ou axiomes ; elle

apprend à rechercher plus haut les motifs d'évidence
et les critériums de certitude. La morale découvre la
confirmation rationnelle de ses préceptes, et la théologie fantaisiste voit s'écrouler l'échafaudage de sa
casuistique.

L'astronomie ne prétendra plus à la première place
parmi les notions exactes, elle ne rira plus des astro-
logues antiques qui contemplaient des lois générales
là où elle ne constate que de mécaniques mouvements.
Les mages qui, guidés par les phénomènes du ciel,
venaient adorer le berceau de Christ, nous paraîtront
plus grands que les calculateurs qui établissent les
éléments paraboliques d'un astre chevelu ou assignent
l'orbite d'une planète dans une région obscure du
firmament. Le physicien et le chimiste auront des
idées plus nettes sur l'essence, la constitution et l'évolution de la matière, et ne débuteront plus en leurs
traités par cette monstrueuse sottise : « Les deux propriétés nécessaires et universelles de la matière sont
l'impénétrabilité et l'étendue. » Ils ne se moqueront
plus des grands alchimistes, eux qui commencent à
entrevoir, après un siècle et demi d'efforts analytiques,
l'unité de la matière et la transmutation réciproque,
de ses diverses apparences. Les physiologistes et les
médecins ne proclameront plus comme découvertes
récentes les grandes lois de l'évolution et du transformisme ; la Faculté de Paris ne rira plus d'Apollonius
de Tyane et de Van Helmont, ni de Paracelse ; d'épais
idiots munis de toutes les peaux d'ânes des doctorats
et des agrégations, ne viendront plus nous prétendre
qu'ils n'ont point trouvé l'âme sous leur scalpel.

L'art si inférieur de la politique sera lui aussi notre tributaire, et aux braiements des élus de la bêtise qui contaminent le palais des Lois, nous répondrons du haut de notre pensée :

Quand un intellectuel descend des régions sereines de l'Idée au champ clos des intérêts vulgaires, ne l'appellez pas utopiste ou rêveur. Il a puisé dans sa contemplation de l'abstrait métaphysique de souveraines formules applicables à tous les efforts de l'humanité vivante. Respectez-le, car il vous honore ; suivez-le, car il vous montre le chemin.

Enfin, la religion elle-même devra bénir et sacrer nos travaux, car nous aurons rajeuni son exégèse et réformé son enseignement. Nous lui aurons donné la triple cuirasse d'airain scientifique qu'elle a toujours virtuellement possédée, mais dont elle a oublié et négligé la vertu, le marteau de sapience, grâce auquel elle pulvérisera les négations et désarçonnera les doutes, confondant en une même déroute et en un même cataclysme, le matérialisme fangeux des Paul Bert, le positivisme pédant des Auguste Comte, le ricanement des cadets de Voltaire et les balançoires sceptiques des admirateurs de M. Renan.

Voilà pourquoi, de toute l'adhésion de mon cœur et de mon cerveau, je salue ici l'ésotérisme, moi, fils respectueux et militant de l'Eglise Catholique !

L. L.

ULTIMA VERBA

PRO DOMO

Un indifférent sous les yeux duquel sont tombées quelques pages de mon manuscrit disait à l'un de mes amis : « Mais quelle autorité a-t-il donc pour émettre d'aussi dangereuses théories, d'aussi graves affirmations ? » Je réponds à cet alarmé dont la sollicitude me touche :

J'ai publié à cette heure une vingtaine de livres et prononcé une centaine de discours. Il y a plus de poésie dans mes huit volumes de vers que dans tout le fatras de rimaillerie qui s'entasse au passage Choiseul — où j'ai du reste moi-même quelques strophes. — Mes romans, dédaigneux d'une psychologie conventionnelle et d'une observation plus ordurière que scientifique, contiennent assez de situations dramatiques pour faire gémir pendant plusieurs lustres, les spectateurs de la Comédie-Française ou de la Porte-Saint-Martin. Mes conférences politiques auraient pu défrayer d'éloquence et de sens gouvernemental les législatures qui, depuis vingt années, grouillent au Luxembourg ou au Palais Bourbon. Dix Albert Millaud élevés à la vingtième puissance ne fourniraient point le sel gaulois accumulé dans mes chansons ministérielles. Tout ce que le symbolisme et le décadentisme peuvent offrir d'acceptable et de séduisant se trouve inclus dans la collection de mes poèmes en prose. Mes satires anti-opportunistes m'ont fait comparer à Juvénal par « de bons es-

prits» comme dirait un jurisconsulte. Pour ne citer au
sujet de mes revendications qu'un exemple unique, il
me semble que lorsque j'ai dit en parlant du respect
universel voué aux morts par la population parisienne :
«Ce que vous saluez dans la Mort, c'est l'Immortalité»,
j'ai tenu un langage peu éloigné de celui de Bossuet. Je ne parle point des sauvetages moraux et
matériels que j'ai accomplis dans ma vie.

Cela me forçerait à peindre sous des couleurs aussi
noires que justes, l'ingratitude et la bêtise de grands
patriciens dont j'ai arraché le nom et l'avoir au cataclysme et à la honte. Je préfère rester sur le terrain
des lettres. Je ne reconnais comme supérieur littéraire vivant que mon ami Joséphin Péladan.

Mais hélas ! Je possède quatre grands défauts, qui
me seront toujours de terribles obstacles, je ne suis
ni franc-maçon, ni congréganiste, ni membre du
Jockey-club, ni figariste ; d'où l'animosité de la truan-
daille opportuniste, le peu d'enthousiasme des catholiques, cependant mes frères, la froideur des dandys,
qui m'ont pourtant, à moi pauvre diable, plus souvent
emprunté que prêté, enfin la haine implacable de
M. Magnard. M. Magnard, ce baiseur de baphomet, est
aujourd'hui l'édificateur des réputations, ce qui fait
que la mienne n'est point encore édifiée. Il est en
train d'élever des statues à un tas de flamingants, à
des Maetterlinck et autres, imaginations enfantines
habillées de charabias wallon. Vous comprenez
aisément que je ne puisse m'entendre avec l'homme
qui prêche l'obéissance à Néron, à M. Carnot, à
Galuchet, moi qui suis d'avis de casser la gueule à

Néron, d'envoyer Galuchet prêter ses bras à l'Agricul-
ture, et d'ajuster une paire d'oreilles d'âne autour de la
tête de M. Carnot. Je l'ai vu une fois M. Magnard, il
avait l'air d'un déserteur devant un peloton d'exécution. Je ne pense point nonobstant qu'aucun des justi-
ciers qui respectent la mort, consentent jamais à l'affli-
ger d'une semblable livraison. Il faut aussi remarquer
pour être équitable, que je n'inspire aucun enthousiasme à Arthur Meyer, ce souteneur de l'outarde et
de la grouse.

Je ne me suis entendu en politique qu'avec le général Boulanger, qui avait formé le noble rêve, toujours
réalisable, de l'union au dedans et de la fierté en
dehors. Sur le terrain de l'écriture, je me contente de
l'approbation de Péladan, le grand prévôt de l'Idéal,
qui m'a écrit : « Votre plume est un éclat de Duran-
dal » et de l'admiration de Nordau, le grand positiviste, qui, à propos de mon dernier roman, a prononcé
les noms d'Alexandre Dumas et de Shakespeare. Je
me consolerai donc de l'ostracisme magnardeux.

Une de mes parentes, surprise de la bonne opinion
que j'avais de moi-même — ce par quoi je n'étais
guère original — me disait, il y a quelque temps :
« Peste ! mon ami, vous ne vous mouchez pas du
pied. » Quoique non clubman, je persiste à m'abste-
nir de ce procédé inélégant.

LARMANDIE.

TABLE

PREMIÈRE PARTIE

NOTES DE PHILOSOPHIE ÉSOTÉRIQUE

NOTE I

LA RELIGION UNIVERSELLE

NOTE II

NÉCESSITÉ D'UN ENSEIGNEMENT ÉSOTÉRIQUE

NOTE III

AVENIR DE L'ÉSOTÉRISME

NOTE IV

DE QUELQUES CONCORDANCES

NOTE V

SYMBOLE DU CHRISTIANISME ÉSOTÉRIQUE

TABLE 193

DEUXIÈME PARTIE

NOTES DE PHYSIQUE ÉSOTÉRIQUE

NOTE I

SUR LA FORCE PSYCHIQUE

NOTE II

SUR LE MONDE ASTRAL OU ATMOSPHÈRE SECONDE

NOTE III

SUR LA NOTION DES FORCES ÉLÉMENTAIRES

NOTE IV

SUR LES MIRACLES

NOTE V

SUR LA THÉORIE DYNAMIQUE DE LA MATIÈRE

BOUQUET INTELLECTUEL

SALUT A L'ÉSOTÉRISME

ULTIMA VERBA

IMP. E. ARRAULT ET Cie, TOURS.

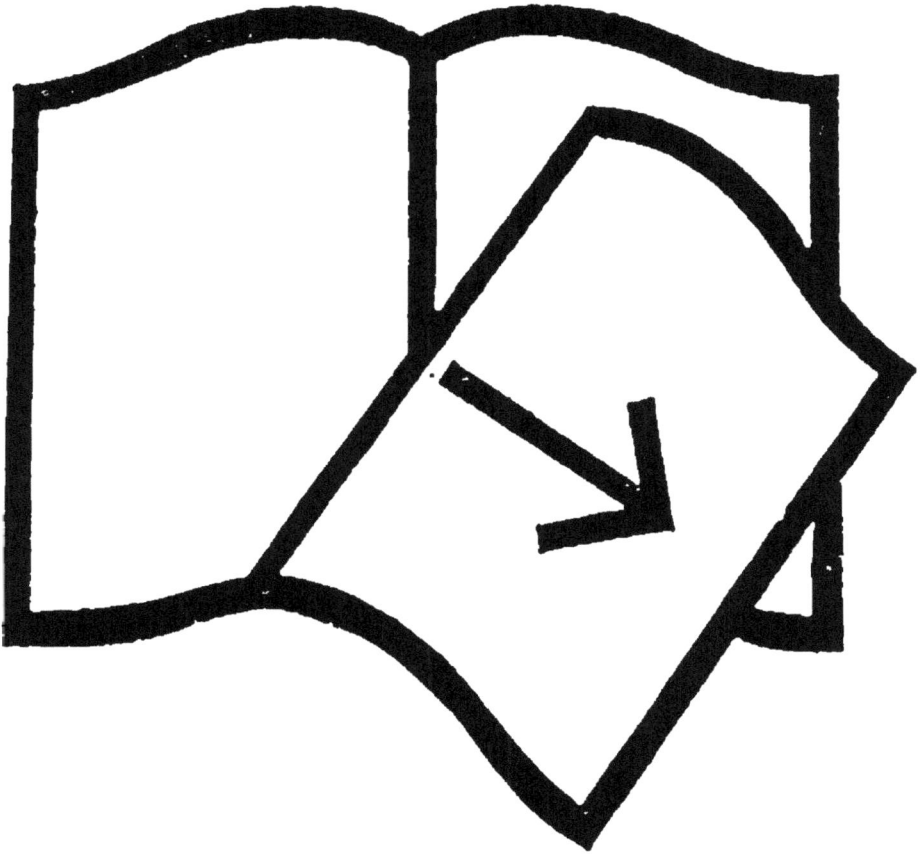

Documents manquants (pages, cahiers...)
NF Z 43-120-13

www.ingramcontent.com/pod-product-compliance
Lightning Source LLC
Chambersburg PA
CBHW070618100426
42744CB00006B/524